KB266304

성스러운 건축과 물질종교

대순진리회의 영대와 내정, 신앙이 공간 위에 얹어질 때

Sacred Architecture and Material Religion

: *Yeongdae* and *Naejeong* of Daesoon Jinrihoe – When Faith Rests upon Space

성스러운 건축과 물질종교

대순진리회의 영대와 내정,
신앙이 공간 위에 엎어질 때

Sacred Architecture and Material Religion
: *Yeongdae* and *Naejeong* of Daesoon Jinrihoe—When Faith Rests upon Space

차 선 근 저

박문사

이 책의 길라잡이

대순진리회에서 도장(道場)은 경건과 예절을 갖추어 출입해야 하는 성역(聖域)으로 규정된다. 도장 내부에서 가장 핵심적인 장소는 '상제님(대순진리회 내부 호칭)'과 천지의 신명을 봉안한 영대(靈臺)다. 영대는 천상 옥경(玉京)이 지상에 현현(顯現)한 성전(聖殿)으로 믿어지며, 대순진리회 도인들은 영대 앞에서 지극한 정성과 공경의 예절을 다한다.

도장에는 영대 외에도 대강전(大降殿), 대순성전(大巡聖殿) 등 여러 건물이 존재한다. 그 가운데 내정(內庭)이라는 건물은 독특한 위상을 지닌다. 도인들이 도장 안쪽으로 들어설 때, 영대를 향해 고개를 숙이고 읍배(揖拜)한 뒤 곧바로 내정을 향해서도 예를 표하는 동선(動線)이 이를 잘 보여준다. 이러한 의례 동선은 내정이 중요한 위상을 지님을 시사한다. 더욱이 내정은 도장 공간 구성에서 언제나 영대와 인접하여 배치된다. 두 건물이 나란히 자리한다는 사실은, 그 병치(竝置) 자체가 특정한 의미 작용을 수행해 왔을 가능성을 제기한다.

이 책은 이러한 공간적 배치와 의례적 동선에 주목하여, 대순진리회 도장의 핵심 건물인 영대와 내정의 기원과 의미를 탐구한다. 구체적으로는 이 두 공간의 유래를 역사적·문헌적으로 고증함과 동시에, 현대 종교학의 새로운 흐름 가운데 하나인 '물질종교(Material Religion)'의 시각을 빌려 그 종교적 위상을 재해석한다.

물질종교 관점에서 볼 때, 종교적 체험은 구체적인 물질과 공간을 매개로 현실화한다. 이러한 관점에서 영대와 내정은 인간이 의미를 부여하기만을 기다리는 수동적인 건축물이 아니다. 이 성소(聖所)들은 그 자체로 고유한 힘을 지니며, 수행자에게 성스러움을 전달하고 신명(神明)과의 감응을 이끄는 능동적인 행위자(agent)로서 기능한다. 즉, 영대라는 '물질'은 보이지 않는 '비물질적' 신앙을 담는 그릇인 동시에, 수행자의 마음을 밝히는 주체이기도 하다. 이 책은 이러한 관점을 바탕으로, 영대와 내정이 어떻게 대순진리회 신앙 체계 안에서 도인들과 상호작용하는 살아있는 성소로 자리 잡게 되었는지, 그 심층적인 기원을 탐구하고자 한다.

이 책은 총 3부로 구성된다.

제1부에서는 하늘과 만나는 제단, 영대의 역사를 살핀다. 대순진리회에서 신들을 모신 건물의 명칭은 영대다. 그 명칭은 삼천 년 전 주나라의 문왕(文王)이 세웠다는 영대에서 유래했다고 알려져 있다. 그렇다면 곧바로 두 가지 물음이 뒤따른다. 첫째, 삼천 년의 시간이 흐른 지금, 문왕 영대의 흔적은 남아 있는가? 둘째, 전통 문헌들은 한결같이 문왕 영대를 천문관측소로 설명하는데, 천문관측소에 '상제님'을 비롯한 신들을 모신다는 게 합당한가?

오래전부터 이 문제를 마음에 담아두고만 있다가, 문득 어느 날 중국 지도를 펼쳐 문왕 영대의 흔적이나 유적지[遺址]가 있는지 샅샅이 훑어보았다. 그러다가 눈에 들어온 것이 간쑤성(甘肅省)의 링타이현(靈臺縣), 곧 '영대현(靈臺縣)'이라는 지명이었다. 영대현이라니! 설마 이곳에 문왕 영대의 흔적이 있을까? 곧바로 링타이현에서 편찬한 『영대현지(靈台縣志)』(岐山: 西岐山印刷厂, 1988)를 찾아 주문했다. 꽤 시간이 걸려 도착한 지방지에는 문왕이 최초로 세웠던 영대의 흔적, 즉 '고영대(古靈臺)'의 간단한 현황과 더불어 복원된 영대의 사진까지 실려있었다. 실마리를 찾은 후 영대의 역사를 추적하는 작업에 속도가 붙었다. 자료가 하나둘 쌓이면서, 앞선 물음들에 대한 답변만이 아니라 문왕이 시안(西安) 외곽에 영대를 하나 더 세웠다는 사실까지 발견할 수 있었다. 역사를 재구성한 결과, 『시경』에 나오는 영대가 두 번째로 세워진 영대라고 확신하기에 이르렀다. 현재 이 영대는 '서주문왕영대(西周文王靈台)'라는 이름으로 불린다.

현재 중국에서는 문왕이 영대를 몇 개 세웠는지, 그리고 그 과정은 어떤지, 『시경』에 등장하는 영대가 어느 것인지 하는 사실들이 제대로 정리되어 있지 않다. 아마도 이 문제에 별 관심이 없어서 그런 듯하다. 이 책은 사실상 한국과 중국을 통틀어, 문왕 영대의 기원과 역사를 다룬 첫 연구서라 할 수 있다. 그리고 문왕 영대는 수천 년 동안 천문관측소였다고 알려져 왔지만, 실은 그게 아니라 상제를 모시는 제단이었다는 것을 한국에 최초로 소개한다는 데에 그 의의가 있다.

제2부에서는 내정의 명칭과 의미를 찾는다. 대순진리회 내부에는 오래전부터 내정이 별도의 문헌적 근거를 갖는다는 이야기가 구전으로 전해지고 있었다. 그것은 여동빈의 종조(宗祖)가 쓴 어느 책 속의 '구사(龜蛇)는 반내정(蟠內庭)하고 오토(烏兎)는 배일월(拜日月)이라'는 구절이 내정 명칭의 근거라는 것이었다. 그러나 그 구절의 출전이 무엇인

지, 그 문헌에서 내정이 지닌 본래의 맥락과 의미가 무엇인지는 전혀 알려지지 않았다.

이 문제에 관심을 가진 건 그 말을 처음 들은 1990년대 초엽이었다. 그로부터 틈틈이 자료를 찾기 시작했으나 성과를 거두지는 못하다가, 30년이 다 되어가던 2020년 무렵, 드디어 그 해당 문헌을 찾는 데 성공하였다. 이로써 원래 사용된 내정의 의미와 대순진리회 내정의 의미가 어떻게 유사한지, 또 어떻게 차이가 있는지 확인할 수 있게 되었다. 제2부는 이러한 발견을 토대로 내정의 문헌적 연원을 밝히고, 그 사상적 함의를 구체적으로 논증한다.

제3부에서는 영대와 내정이 나란히 자리한 이유와 그 의미를 찾는다. 영대와 내정의 배치 구조가 진법주(眞法呪)라는 주문을 반영한 결과라는 사실은 이미 1990년대에도 대순진리회 내부에 꽤 알려져 있었다. 그런데 내정 명칭의 기원과 의미를 분석하는 과정에서, 의도치 않게 영대와 내정의 사상적 관련성을 확인하는 성과도 얻었다. 제3부는 바로 그 뜻밖의 발견을 실마리 삼아, 영대와 내정이 짝을 이룰 수밖에 없는 교리적·사상적 필연성을 규명하는 데 집중한다.

이 책의 내용들은 2021년부터 2025년까지 발표한 다음의 글들을 모아 주제별로 발췌·편집한 것이다.

■ 「대순진리회 도장 건축물 내정(內庭)에 대한 연구: 내정의 문헌 출처와 그 맥락을 중심으로」, 『대순사상논총』 37 (2021), pp.1-53.

- ■「물질종교 관점에서 본 영대: 물질 영대와 비물질 영대 가로지르기」,『대순사상논총』44 (2023), pp.53-96.
- ■「진법주와『여조전서』로 살펴본 영대와 내정」,『대순종학』4 (2023), pp.97-124.
- ■「문왕의 영대(靈臺)를 찾아서」,『대순회보』291 (2025), pp.64-94.

그러나 여기에 그치지 않고, 보다 심도 있는 논의를 더 전개하여 새로운 읽을거리들을 추가하였다. 또한 영대 및 문왕과 관련한 중국의 유적도 모두 답사하여 현장 검증도 하고 사진도 촬영하여 볼거리를 늘렸다.

이 책은 영대와 내정에 축적된 역사적 맥락을 문헌과 사료를 통해 제시함으로써, 그 기원과 의미를 구체적으로 드러내고자 하였다. 다만 본서는 대순진리회의 신앙 대상과 종통(宗統)을 다루고 있으므로, 신앙적 맥락을 존중하고 예우를 갖추기 위해 '강증산'은 '상제님' 또는 '상제'로, '조정산'은 '도주'로, '박우당'은 '도전'으로 지칭하였다. 문맥에 따라서는 경어체도 일부 최소한의 선에서 활용하였다.

대순진리회 내부에서 사용되는 이러한 신앙 언어를 인용·재현하는 방식을 낯설어할 독자도 있을 것이다. 그러나 이러한 언어 선택은 특정 신앙을 옹호하거나 전파하려는 게 아니라, 공동체 구성원들이 자기를 이해하고 세계를 해석하는 방식 자체를 분석 대상으로 삼기 위한 방법론적 선택이다. 이것은 종교학자 윌프레드 캔트웰 스미스(Wilfred Cantwell Smith)가 "종교를 연구할 때는 조심스럽게 발을 내디뎌야 한다. 우리는 인간의 꿈 위를 걷고 있기 때문이다.”(*The Meaning and End of Religion*, 1962, p.5)라고 강조했던 태도와 일맥상통한다. 본서의 경어 표기 방식은 타인의 신앙이라는 '꿈'과 '성역'을 함부로 재단하지 않고, 그 위를 '살살 걸어 다니려는' 연구자의 신중한 태도를 반영한 것이다.

　모쪼록 이 책이 제시하는 자료의 배열과 논증이, 영대와 내정을 둘러싼 기존 이해를 갱신(更新)하고 새로운 질문을 구성하는 데 하나의 참고 지점이 되기를 바란다. 미진한 부분이 있을지라도, 흩어진 역사의 조각을 맞추어 본래의 의미를 복원하려 했던 이 치열한 탐구의 흔적이 대순진리회의 진면목(眞面目)을 이해하고자 하는 이들에게 하나의 길잡이가 되어주기를 기대한다.

2026.3.1.

구름 너머 별빛이 머무는 고요한 밤,

고즈넉한 왕방산 아래에서

목차

제1부

영대(靈臺) : 하늘과 만나는 제단

1. 영대의 시작: 주나라 문왕

1-1. '대(臺)'의 건축적 상징성

동아시아의 건축에서 '대(臺)'는 지면보다 높게 축조된 구조물을 뜻한다. 대는 사방을 두루 살필 수 있는 망루[觀]로서, 사방이 번듯하고 높다.[1] 고대 제왕들은 막대한 공력을 들여 '대'를 축조하고자 했다. 그 이유는 크게 두 가지로 집약된다.

첫째, 천의(天意)를 면밀하게 파악하여 국가 경영의 지침으로 삼기 위함이다. 구체적으로는 요사스러운 기[祲氣]가 국가에 재앙을 일으키려고 하는지, 또는 상서로운 기가 길사(吉事)를 만들려고 하는지를 판별하고자 했다.[2] 이러한 전망을 통해 하늘의 뜻에 부합하는 정치적 정당성을 확보하고 통치에 실천하려는 의도였다.

고대 동아시아에서 제왕은 천자(天子)였고, 천자는 천(天)을 대신하여 천하(天下)를 통치하는 존재였다. 그러므로 천자에게는 하늘의 뜻 [天意]을 파악하는 수단이 당연히 있어야 했다. 천자가 하늘의 뜻을 알지 못한다거나 알아낼 방법조차 없다면, 그것은 곧 하늘의 뜻을 백성에게 펼치는 통치자 자격이 없음을 말한다. 따라서 천의를 읽기 위한 건축물인 대의 축조는 천자가 통치의 정당성을 확보하기 위해 반드시

---

1 臺: 觀, 四方而高者.『說文解字』卷十三下, '至部'.

2 선왕들이 대(臺)나 사(榭)를 지을 적에, 사(榭)는 군대를 강무(講武)할 정도의 크기를 넘지 아니하였고, 대(臺)는 국가의 요사스러운 기나 상서로운 기를 살피는 정도의 높이를 넘지 아니하였다. 先王之爲臺榭也, 榭不過講軍實, 臺不過望氣祥. 故榭度於大卒之居, 臺度於臨觀之高.『國語』卷十七「楚語上」.

해야만 하는 일이었다.

제왕들이 대를 세우는 둘째 이유는 해·달·별의 움직임을 살펴 계절과 시간을 파악함으로써 백성이 농사를 비롯한 각종 생활을 영위하도록 만들기 위함이다. 전통 시대에 달력을 만드는 작업은 고도의 축적된 기술과 전문 노동력이 요구되었으므로 어느 한 개인이 감당할 수 있는 일이 아니었다. 그것을 할 수 있는 곳은 국가가 유일했다. 천자가 통치하는 국가는 대를 세워 천체의 변화를 읽고 예측하였으며, 그 결과를 달력으로 만들어 배포함으로써 백성의 삶이 안정되도록 했다.

이와 같이 고대 동아시아의 통치 체계에서 '대'의 축조는 제왕의 권위와 통치의 정당성을 가시화하는 핵심적인 의례적 상징물이었다.

<그림 1> 경주 첨성대

그러니까 이 '높여 만든' 자리는 제왕이 하늘을 마주하고 의례를 거행하며 정치를 선포하는 의미를 갖춘 공간이었다.

한국 역사에서도 이러한 전통은 선명하게 나타난다. 신라 선덕여왕(재위 632-647) 때 건립된 높이 9m의 경주 첨성대(瞻星臺)가 대표적 사례다. 고려 개경의 첨성대, 조선 한양의 창경궁과 관상감에 설치된 관천대(觀天臺) 역시 그러하다.

1-2. '대'의 전범, 영대(靈臺)

고대 동아시아 건축사에서 '대(臺)'의 전형은 대략 3100년 전, 주나라 문왕(文王, 서기전 1152-1056[3], 또는 서기전 1147-1050[4])이 세웠다고 하는

'영대(靈臺)'에서 그 시원을 찾을 수 있다. 문왕 영대가 최초의 대인지 단정할 수는 없지만,[5] 적어도 가장 유명하고 '대'의 전범(典範)이 되는 것만큼은 분명하다. 오랫동안 동아시아에서 문왕 영대는 덕치(德治)를 근간으로 하는 유교적 왕도 정치의 이상을 가시화한 제도적 무대로 알려져 왔기 때문이다.

그것을 입증하는 문헌은 유학의 대표 경전인 사서오경 중의 『시경』 과 『맹자』다. 『시경』은 문왕이 영대를 건축하려고 하니, 백성이 자발적으로 모여 순식간에 완성했다고 기록하고 있다.

영대를 짓기 시작하여

그것을 재고 다지니

서민들이 거들어주어

며칠 안 되어 다 이루어졌네.

지을 때 서두르지 말라고 하였으나

서민들은 어버이 돕는 자식처럼 모여들었다네.[6]

---

3 "姬昌" https://baike.baidu.com

4 殷时学 · 陶涛 主编, 『羑里城志』(汤阴: 汤阴县羑里城博物馆, 2007), pp.22-23.

5 천문 관측 기능만 놓고 보면 문왕 영대가 최초는 아니다. 산시(山西) 타오쓰(陶寺)에는 문왕 영대보다 약 1200년 앞선 시기에 건립된 것으로 추정되는 천문 관측 유적이 발굴되어 있다. 한반도에 35,000~40,000여 기 이상 존재하는 고인돌은 문왕 영대보다 1000년 이상 이전에 축조되었는데, 이들도 무덤이 아니라 천문 관측 도구였을 것으로 추정된다. 이병렬, 『하늘의 길, 고인돌에 새기다』(서울: Holidaybooks, 2025) 참조.

6 經始靈臺, 經之營之, 庶民攻之, 不日成之, 經始勿亟, 庶民子來. 『詩經』「大雅 · 文王之什」, '靈臺'.

이 서술은 문왕의 영대 조성이 군주의 덕을 흠모하는 백성의 자발적 참여로 이루어졌음을 강조한다. 그러니까 영대는 제왕의 권위가 가득한 위압적 건물이라기보다는, 왕권의 정당화와 도덕-정치 공동체적 질서를 동시에 표상하는 장치였다고 할 수 있다.

『시경』에 이어 후대에 등장한 『맹자』는 영대를 '대의 전범'으로 확정하였다.

> 맹자가 양나라 혜왕을 만나니, 혜왕이 연못가에 서서 기러기와 사슴을 돌아보며 말했다.
>
> "현자(賢者)도 또한 이런 것을 즐기는가요?"
>
> 맹자가 답했다.
>
> "현자가 되고 나서야 이런 것을 즐기니, 현자가 아니라면 비록 이런 것을 가졌다고 하더라도 즐기지 못합니다. … 문왕은 백성의 힘으로써 대(臺)와 못[沼]을 지었고, 백성은 그것을 기쁘게 즐겼습니다. 그 대를 일러 영대라 하고, 그 못을 일러 영소(靈沼)라 합니다. 거기에 사슴과 물고기, 자라가 있는 것을 즐거워했습니다. 옛사람은 백성과 더불어 즐겼고[與民偕樂], 그러므로 즐거울 수 있었습니다."[7]

맹자는 문왕이 백성의 힘으로써 영대와 연못을 만들었으며, 백성이 이를 기뻐했음을 강조한다. 핵심은 영대가 보고 즐기는 오락 공간

---

7 孟子見梁惠王, 王立於沼上, 顧鴻鴈麋鹿曰, 賢者亦樂此乎. 孟子對曰, 賢者而後樂此, 不賢者雖有此, 不樂也. … 文王以民力爲臺爲沼, 而民歡樂之. 謂其臺曰靈臺, 謂其沼曰靈沼, 樂其有麋鹿魚鼈. 古之人與民偕樂, 故能樂也. 『孟子』 「梁惠王上」.

이 아니라 '여민해락(與民偕樂)', 즉 통치자가 백성과 더불어 즐거움을 공유하는 정치윤리의 표준 사례로 제시되었다는 점에 있다. 맹자가 영대를 성군(聖君)의 올바른 통치의 상징으로 해석함으로써, 영대는 전국시대 유학 담론 속에서 왕도 정치의 표본이자 전범으로 자리를 굳히게 된다.

2. 문왕 영대는 천문관측소인가?

전통적으로 '대'는 천의(天意)를 읽기 위해 건설되었다. 요즘 언어로 고치면 국가적 의사결정을 지원하는 '최첨단 천문 관측기구'였던 것이다. 문왕 영대도 천문대였다는 사실이 여러 기록으로 전한다. 예를 들어 중국 전한(前漢)의 유명한 학자 유향(劉向, 서기전 77-6)은 그의 저서 『설원(說苑)』에 다음과 같이 썼다.

> 무릇 천문 지리를 사람이 본받아 마음에 담아둔다면, 즉 (그것은) 성스러운 곳간이 된다. 고로 옛적에 성왕이 이미 천하에 임하여, 반드시 변화하는 사시(四時)로 율력(律曆: 樂律과 曆法)[8]을 정하고, 천문을 관찰하여 시간의 변화[時變]를 헤아리며, '영대(靈臺)'에 올라 그로써 기분(氣氛: 기운의 조짐)을 살폈다.[9]

---

8 율력(律曆)은 '음악(樂律)'과 '달력(曆法)'을 말한다. 고대 동아시아에서 율력은 우주의 운행 질서를 인간 사회의 통치 원리로 구현하는 제왕의 권능을 상징했다.

9 夫天文地理, 人情之效存於心, 則聖智之府. 是故古者聖王既臨天下, 必變四

유향은 문왕이 영대를 지은 후 약 천 년이 지난 시대를 살았던 인물이다. 그의 기록에서 영대는 계절과 시간 및 천기(天氣)를 살피기 위한 천문관측소로 묘사되고 있다. 16세기에 간행되어 동아시아에 광범위하게 유포된 고전 소설 『봉신연의(封神演義)』[10]도 같은 이야기를 전한다.

> (문왕이 말하기를) "이곳에 영대(靈臺)를 세우고 그로써 재앙과 상서(祥瑞)의 조짐에 응하고자 한다."[11]

> (문왕이 백성들에게 알리기를) "근래에 보니 재앙이 자주 나타나고, 비도 때맞춰 내리지 않는다. 나라[本土]를 살피고 길흉을 점치고자 하나 제단[壇址]이 없는지라. 어제 보건대, 성 서쪽에 있는 관청 소유의 땅을 보고 그곳에 하나의 대(臺)를 세워 영대(靈臺)라고 이름하고, 그로써 기후를 점치고 백성에게 재앙이 생길 징조를 보려 하노라."[12]

『봉신연의』는 오랫동안 민간에 전승되어 온 설화를 각색한 것이다. 여기에서 영대는 재앙과 상서의 조짐을 살피고 점을 치기 위한 건축

    時, 定律歷, 考天文, 揆時變, 登靈臺以望氣氛. 『說苑』卷十八「辨物」.

10 『봉신방(封神榜)』, 『상주열국전전(商周列國全傳)』, 『무왕벌주외사(武王伐紂外史)』, 『봉신전(封神傳)』이라는 이름으로도 불린다.

11 造此靈臺, 以應災祥之兆. 『封神演義』第二十二回「西伯侯文王吐子九十九回」.

12 因見邇來災異頻仍, 水潦失度, 及查本土, 占驗災祥, 竟無壇址. 昨觀城西有官地一隅, 欲造一臺, 名曰靈臺, 以占風候, 看驗民災. 『封神演義』第二十三回「文王夜夢飛熊兆」.

물로 등장한다. 그러므로 유향 이후로도 1,600여 년 동안 영대는 일종의 천문 관측대였다는 인식이 줄곧 이어졌다고 해야 한다.

한국에서도 영대는 천문을 살폈던 곳으로 이해되었다. 관련 기록은 『태종실록』과 『중종실록』에서 찾아볼 수 있다.

> (1417년 9월 5일, 태종이) 관천대(觀天臺)를 쌓으라고 명하였다. 예조에서 서운관(書雲觀)의 공식 문서에 근거하여 아뢰기를, "예전에 천자는 영대(靈臺)가 있어 천지를 관측하였고, 제후는 시대(時臺)가 있어 사시(四時)를 보고 요사한 기운을 관측하였으니, 마땅히 예전 제도에 따라 대(臺)를 쌓아 천문을 측후(測候)하소서." 하니, 그대로 따랐으나, 마침내 시행하지 아니하였다.[13]

> (1517년 11월 25일) 성세창(成世昌, 1481-1548)이 아뢰기를, "주나라 때는 영대(靈臺)를 쌓아 천문을 우러러보고 재앙을 굽어살폈으니, 하늘을 공경하고 재앙을 삼가는 도리가 지극하였습니다. 우리나라에 관상감을 설치한 까닭은 이를 위해서일 터인데, 하는 일이 지극히 소홀하여 크게 본의에 어그러지며, 관상감의 관원 중에는 오성(五星)이 운행하는 도수를 잘 아는 자가 드무니, 어떻게 감히 천문을 우러러보아 인사(人事)를 살피겠습니까?"[14]

---

13 命築觀天臺. 禮曹據書雲觀呈啓, 古者天子有靈臺, 以候天地, 諸侯有時臺, 以候四時, 以望氛祲. 宜遵古制, 築臺以候天文. 從之. 然事竟不行. 『太宗實錄』 34권, 태종 17년 9월 5일.

14 世昌曰, 周時築靈臺, 仰觀天文, 俯察妖祲, 其敬天謹災之道, 至矣. 我國觀象監之設, 蓋爲此也, 而其所事, 至爲疎緩, 大違本意. 觀象監官員, 能知五星之纏度者,

조선 후기 개혁가이자 다방면에 걸쳐 학문적 역량이 뛰어난 인물로 알려진 정조(正祖, 재위 1776-1800)도 영대에 대해 정약용(丁若鏞, 1762-1836)과 대화를 나누었던 적이 있다.[15]

(정조가 말하기를) "영대(靈臺)는 문왕이 처음 세운 것이 아니다. 『춘추좌씨전』「애공 25년」조목에 '위나라 군주가 자포(藉圃)에 영대를 세웠다'라고 하였고, 『전한서(前漢書)』「지리지(地理志)」에는 '제음군 성양현에 요임금의 영대가 있었다'라고 하였다. 『후한서(後漢書)』「장제본기(章帝本紀)」에 '성양현의 영대에서 요임금에게 제사를 올렸다'라고 하였다. 영대는 이전에 있던 대의 이름이며, 문왕은 단지 그것을 이어서 사용한 것이다. 대개 재이(災異)와 상서(祥瑞)를 살피고 운기(雲氣)의 변화를 관측하는 것이 모두 신령한 일이기 때문에 '영(靈: 신령하다)'이라고 부른 것이다. …『유씨외기(劉氏外記)』를 살펴보니, '황제(黃帝)가 영대를 설치하고 오관(五官)[16]을 세웠으며, 그로써 오사(五事)[17]를 질서 있게 했다'라고 한다. 그

鮮矣, 何敢望仰觀天文, 以察人事乎. 『中宗實錄』 30권, 중종 12년 11월 25일.

15 정약용, 『역주 시경 강의 4』, 실시학사 경학연구회 옮김 (서울: 도서출판 사암, 2008), pp.479-483.

16 『예기(禮記)』「곡례하(曲禮下)」에 "天子之五官, 曰司徒, 司馬, 司空, 司士, 司寇."라고 하였다. 오관(五官)이란 중국 고대 국가 통치 체제의 다섯 가지 주요 관직으로서, 곧 사도(司徒: 백성 교육 담당), 사마(司馬: 군사와 국방 담당), 사공(司空: 공공 토목과 건축 담당), 사사(司士: 관리 임명과 감찰 담당), 사구(司寇: 법률과 치안 담당)를 의미한다.

17 『서경(書經)』「홍범(洪範)」에 "五事, 一曰貌, 二曰言, 三曰視, 四曰聽, 五曰思."라고 하였다. 오사(五事)는 다섯 가지의 기본적인 실천 항목을 의미한다. 그것은 인체의 오장(五臟)과 관련한 5개의 감각기관인 귀(耳), 눈(目), 코(鼻), 입술(脣), 혀(舌)와 그 작용으로서, 곧 모(貌: 정중한 태도), 언(言: 신중하고 정직한 언

렇다면 영대라는 명칭은 황제로부터 시작된 것이다.”

　(정약용이 답하기를) “황제가 영대를 세웠다는 설과 요임금이 영대를 세웠다는 설은 (유교의) 경전에 보이지 않습니다. 그러나 제왕이 국가를 개창(開創)하면 반드시 운기의 변화를 관측하는 대(臺)를 세웁니다. … 생각건대, 황제헌원씨와 요임금 시절에도 이상한 기상(氣象)을 관찰하는 대가 있었고, 주나라의 영대와 그 용도가 실제로 같았기 때문에 그 명칭을 빌려서 불렀던 것입니다. … 따라서 영대라는 명칭은 문왕에서 시작되었고, 이상한 기상을 관찰하는 제도는 황제헌원씨와 요임금 시절부터 있었던 것입니다.”

　이들의 대화에서 확인되는 사실은 제왕이 나라를 건국하면 대(臺)도 반드시 세운다는 것, 황제헌원씨와 요임금도 대를 세웠다는 것, 유가(儒家)의 공식 경전(특히 『시경』)에 근거를 둔다면 영대라는 명칭의 대는 주나라 문왕이 처음 세웠다고 말해야 한다는 것, 영대의 용도는 재이(災異)와 상서(祥瑞)를 살피고 기상(氣象)의 변화를 관찰하는 것 등이다.

　이상과 같이 지난 삼천 년 동안 문왕의 영대는 천문을 읽는 관측소였다고 알려져 왔다. 역사적으로 보면 영대라는 명칭은 학궁(學宮), 무덤이나 제단, 삼년상 동안 신위를 모시는 집, 궁벽한 거처, 마음, 머리,

행), 시(視: 밝고 공정하게 살피는 시선), 청(聽: 공정하고 고른 의견 청취), 사(思: 신중하고 깊은 생각과 결정)이다. ‘오사를 질서 있게 했다’라는 말의 의미는 군주가 실천해야 할 다섯 가지 기본 덕목을 정했다는 뜻이다.

경혈 가운데 하나[靈臺穴], 별자리[靈臺三星],[18] 지방의 이름[靈臺縣], 문예 잡지 이름[19] 등 다양하게 사용되곤 했으나,[20] 문왕의 영대만큼은 천문 관측소로 이해되었다는 뜻이다. 그러니까 유교적 세계관에서 영대는 천의(天意)를 확인하고 민심을 통합하는 정교한 통치 기제로서, 제왕이 천명을 수탁받은 존재임을 증명하는 시각적 실체이자, 우주의 운행 질서를 인간 사회의 윤리로 변환하는 성스러운 매개 공간으로 널리 받아들여졌다.

3. 성스러운 건축, 성소(聖所) 영대

3-1. 혁명의 서막: 최초의 영대, 링타이현(靈台县)의 고영대(古靈臺)

지금까지 알려졌던 사실과 다르게, 문왕 영대는 원래 천문대가 아니었다는 전승이 있다. 간쑤성(甘肅省) 링타이현(靈台县: 영대현)에는 문

---

18 동아시아 천문에서 '영대(靈臺)'는 3개의 별로 이루어진 별자리였다. 『宋史』卷四十九 「天文二」에는 "靈臺三星, 在明堂西, 神之精明曰靈, 四方而高曰臺, 主觀雲物, 察符瑞, 候災變也. 영대 3성은 명당(明堂) 별자리의 서쪽에 있다. 신(神)의 정명(精明: 지극히 밝고 신령함)한 것을 일러 '영(靈)'이라 하고, 사방이 트여 있고 높은 것을 일러 '대(臺)'라 한다. (이 별은) 구름의 형색과 기운[雲物]을 관측하고, 상서로운 징조[符瑞]를 살피며, 재앙과 이변[災變]을 망보는 것을 주관한다."라고 적혀 있다. 영대 별자리가 하늘의 기운을 관찰하고 국가의 길흉을 살피는 별로 정의되어 있는 것으로 보아, 지상의 영대(문왕 영대)가 수행했던 기능을 천상에 투사한 것으로 보인다.

19 한국에서 김소월, 김동인 등이 주축이 되어 간행한 순수 문예 잡지 『영대』는 1924년 8월 창간되어 통권 5호(1925년)까지 간행되었다.

20 단국대학교 동양학연구소(편), 『漢韓大辭典』 14 (서울: 단국대학교 출판부, 2008), p.1270.

왕이 영대에서 하늘에 제사를 지냈다는 '영대제천(靈臺祭天)'의 전설이 전해온다. 링타이현의 지방지인『영대현지(灵台县志)』에는 그 내용이 소략하게 언급되어 있다.[21] 링타이현 지방 공무원이자 향토 사학자로서, 지역의 역사를 편찬하는 총책임자 장신민(张新民)[22]은 이 전승을 『영대사화(灵台史话)』에 자세히 소개했다.[23] 이 자료들을 참고하여 줄거리를 정돈해 본다.

▌ 서백 희창의 등장

문왕이 살았던 시대에 중국 중원을 다스리던 천자는 은나라(상나라) 주왕(紂王)이었다. 문왕은 기산(岐山) 지역의 제후 신분이었다. 그의 부족은 농경을 배경으로 성장한 집단이었다. 대략 4,100년 전(문왕 시대로는 1,100년 전), 제곡고신씨의 아들 기(棄)가 성장하면서 농업에 두각을 나타내자, 당시 임금이었던 요가 그를 농업의 스승[農師]으로 삼아 농사를 주관하도록 하면서 호를 '후직(后稷)'이라 하고 희(姬)를 별성(別姓)으로 내려주었다.[24] 후직의 5대손 공유(公劉)는 농업을 기반으로 점차 세력을 확대했다. 12대손인 고공단보(古公亶父)는 기산에 처음 자리를 잡았고, 그의 아들 계력(季歷)은 주변 부족들을 흡수하면서 부족을 강대한 집단으로 성장시켰다. 그때 은나라의 임금이었던 문정(文丁)은

---

21 『灵台县志』, p.276.

22 링타이현 지방사지 편찬 사무실[灵台县地方史志办公室]의 주임.

23 张新民,「西伯侯灵台祭天」,『灵台史话』(甘肃: 甘肃文化出版社, 2007), pp.28-30.

24 周后稷, 名棄. 其母有邰氏女, 曰姜原. 姜原爲帝嚳元妃. … 遂好耕農, 相地之宜, 宜穀者稼穡焉, 民皆法則之. 帝堯聞之, 舉棄爲農師, 天下得其利, 有功.『史記』卷四「周本紀」.

계력을 '방백(方伯)'으로 봉하면서 서쪽 제후들의 우두머리라는 뜻의 '서백(西伯)'이라는 칭호를 주었다. 그러나 문정은 계력의 세력이 더 강대해지자 그를 위험인물로 간주하고 감금하여 살해했다. 계백의 아들 희창(姬昌)이 '서백' 칭호를 물려받아 '서백창(西伯昌)' 또는 서백(西伯) 희창(姬昌)으로 불리게 되었으니, 당시 그의 나이 45세였다.[25]

■ 유리(羑里)의 고난: 7년의 구금과 『주역』의 체계화

서백창은 어질고 덕이 높았다. 그런 그를 따르는 무리가 더 늘었고, 기산 지역의 세력은 더욱 강성해졌다. 반면에 은나라 문정과 제을의 뒤를 이어 왕이 된 주왕(재위 서기전 1075-1046 추정)은 폭정을 일삼아 민심을 잃고 있었다.

서백창에게 의탁하는 제후들이 많아지자, 주왕은 그를 경계하여 옆에 묶어두고 감시하려 했다. 결국 서백창은 고향 기산에서 황하를 건너 동북쪽으로 640km나 떨어진 작은 성인 유리[羑里城遺址]에 갇혔다. 당시 서백창은 82세의 노인이었다. 유리는 270여 년 동안 은나라 후기의 도읍이었던 안양[安陽 殷墟], 그리고 주왕 자신이 새 도읍으로 거주하고 있던 조가(朝歌)[26] 사이에 자리한 마을이었다. 서백창은 그곳에 구금되어 갖은 고초를 겪으면서도 64괘를 정리하고 384 효사(爻辭)를 지음으로써 『주역』을 체계화하는 업적을 냈다.

서백창이 갇힌 지 7년이 되었을 때, 그의 충신 산의생(散宜生)은 주군

---

25 "文王" https://baike.baidu.com.
26 지금의 허난성(河南省) 허비시(鶴壁市) 신구(新区) 남부의 녹대 유적[鹿台遺址] 과 그 인근.

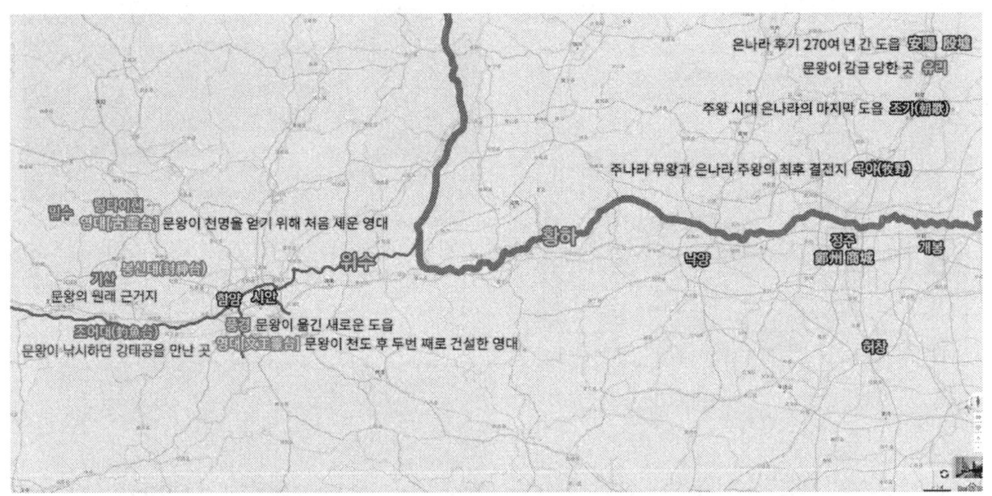

<그림 2> 문왕의 활동 지역. 주나라에는 '위수'가 관통하여 흐른다.
주나라와 은나라 사이에는 '황하'라는 거대한 자연 장벽이 있다. (지도: 바이두)

의 석방을 위해 많은 보물과 미녀를 주왕에게 바쳤다. 결국 주왕은 89세 노구의 서백창을 풀어주었다. 고향 기산으로 돌아온 서백창은 사면에 감사하며 낙서 지방을 주왕에게 바쳤고, 동시에 포락(炮烙)이라는 극히 잔혹한 형벌을 폐지해 달라고 청하였다. 포락은 달기의 제안으로 만들어진 것으로서 기름칠한 큰 청동 기둥 위에 죄인을 맨발로 걷게 하고, 미끄러져 떨어지면 불구덩이에 타죽게 만드는 끔찍한 형벌이었다. 주왕이 이를 받아들여 포락의 형을 없애고, 아울러 그에게 군권의 상징인 활·화살[弓矢]과 도끼[斧鉞]를 하사하며 주변 제후들을 정벌할 수 있는 군사권까지 맡겼다. 서백창이 죄 없이 갇혀있으면서도 원망을 내비치지 않고 낮게 처신함으로써 은나라 주왕에게 상당한 신뢰를 얻었던 결과였다.

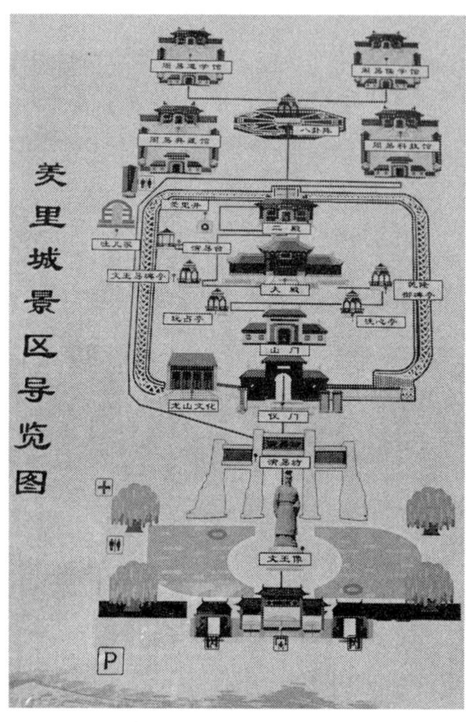

유리성 유적 조감도

연역대(演易台). 서백창은 유리에 갇혀있는 동안, 이곳에서 64괘와 384효를 체계화했다고 전해진다.

서백창이 팔십 노구를 이끌고 64괘와 384효를 체계화하는 모습. 유리성 유적지의 대전(大殿) 내부 벽화다.

유리성 유적 입구

토아총(吐儿冢). 서백창이 그의 아들 백읍고의 시신으로 만든 탕국을 강제로 먹고 토한 곳[27]

<그림 3> 유리성 유적지(羑里城遺址). 허난성(河南省) 안양시(安阳市) 탕인현(汤阴县)에 위치한다. 서백창은 이곳에 7년 동안 구금되어 주역을 연구했다.

■ 형산(荊山) 아래의 결단: 밀수 정벌과 '영대'의 축조

서백창이 91세가 되었을 때, 제후국인 우국(虞國)과 예국(芮國) 사이에 분쟁이 일어났다. 두 나라의 대표들이 중재를 받기 위해 성인(聖人)으로 소문이 자자한 서백창을 찾았는데, 기산 지역 사람들이 서로 예를 지키며 양보하는 모습을 보고 "우리가 다투는 것은 이곳 사람들이 부끄럽게 여기는 일이다. 계속 다투는 것은 수치일 뿐이다."라고 말하며 분쟁을 스스로 그만두었다. 이렇게 서백창의 명성이 높아짐에 따라 그에게 귀순하는 제후들이 더 늘어나게 되었다.[28]

서백창은 92세가 되자 군사를 일으켜 견융(犬戎: 기산의 서쪽)을 정벌했다. 바로 그해 위수(渭水)의 조어대(釣魚臺)에서 낚시하는 강태공을 만나 스승으로 삼았다.[29] 당시 강태공은 72세의 노인이었다고 하는데, 그래도 문왕에 비한다면 20세가 어렸다.

이듬해 93세가 된 서백창은 군사 강태공과 함께 밀수(密須: 현재의 간쑤성 링타이현 서쪽)를 공격하여 정복하는 데 성공했다. 그런데 견융과 밀수는 은나라 주왕에게 절대적인 충성을 다하는 부족들이었다. 따라서

---

27 서백창의 장남 백읍고는 아버지를 구하기 위해 보물을 가지고 주왕을 찾아갔으나, 주왕의 총애를 받던 달기의 유혹을 거절했다는 이유 등으로 인해 참혹하게 살해당했다. 주왕은 서백창이 미래를 내다보는 성인(聖人)인지 시험하기 위해, 백읍고의 살로 국[肉羹]을 끓여 그에게 먹게 했다. 주역으로 점괘를 뽑아본 서백창은 그 사실을 모두 알고 있었으나, 주왕의 의심을 피하고 후일을 도모하기 위해 비통함을 참으며 국을 먹었다. 그리고 나중에 이를 토해냈다. 후에 사람들이 그 토한 장소에 흙무덤을 쌓아 토아총(吐儿冢)이라 불렀다. 전설에 따르면 서백창이 토해낸 아들의 살점이 토끼[兎]로 변해 사방으로 뛰어갔다고 한다. 그 때문에 탕인현(湯陰縣)의 유리성 인근 사람들에게는 '유리성의 토끼가 백읍고의 혼'이라 하여 잡지 않는다는 금기가 있다.

28 "文王" https://baike.baidu.com.

29 殷时学·陶涛 主编, 앞의 책, p.19.

<그림 4> 강태공과 문왕이 만났던 조어대. 이곳은 바오지시[宝鸡市] 동남쪽 외곽의 위수(渭水) 지류에 있다. 현재 '姜子牙钓鱼台风景名胜区'로 알려져 있다.

<그림 5> 문왕이 낚시하는 강태공을 만나는 모습. 유리성 유적지 대전(大殿) 안의 벽화

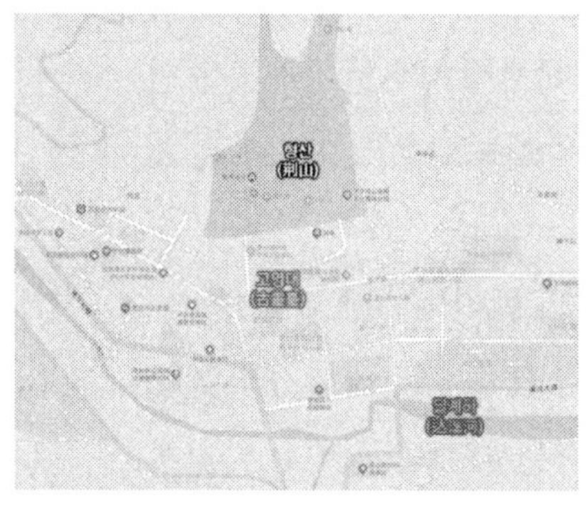

<그림 6> 링타이현에 문왕이 최초로 세운 영대의 위치. 주소는 '甘肃省平凉市灵台县东大街19号'이고, 오늘날 '고영대(古灵台)'로 불린다. (지도: 바이두)

서백창이 주왕으로부터 제후들을 정벌할 군사권을 받았다고는 하지만, 견융과 밀수까지 치는 행위는 천자국 은나라에 대한 반란으로 비추어질 수 있었다. 그는 본거지인 기산으로 회군을 시작했다가, 얼마 가지 않아 지금의 링타이현 형산(荆山) 아래 하천인 백리계[百里溪: 지금의 달계하(达溪河)]에 이르러 제왕만이 세울 수 있는 대를 쌓기로 결심했다. 그곳에서 천제(天祭)를 올림으로써 천자가 되라는 천명(天命)을 하늘로부터 받고, 그러한 사실을 대내외에 널리 공포하고자 했음이다. 견융과 밀수를 정벌하여 은나라 주왕에 대한 반기를 이미 높이 든 상황이었으니 망설일 까닭이 없었다. 아마도 직전 해에 군사로 등용된 강태공의 강력한 조언도 있었을 것

이다.

서백창은 군사들에게 대를 건설하고 그 이름을 '영대(靈臺)'라고 한 뒤에, 그곳에 하느님[上帝]을 모실 제단을 설치하도록 했다. 이어서 귀복(龜卜)으로써 천제를 올릴 날짜를 잡고, 각 지역의 제후들에게 영대로 와서 참여하라고 통보했다. 천제를 올릴 자격은 천자인 은나라 주왕만이 갖는 것이었다. 서백창이 제후들을 모아 천제를 직접 거행한다고 함은 주왕을 거역하겠다는 뜻을 명백히 드러내는 일이었다.

▌ 영대제천(靈臺祭天): 문왕이 천명을 받다[得天命]

서백창을 따르기로 뜻을 정한 제후들은 정해진 날짜에 링타이현으로 모여들었다. 서백창은 영대에 설치된 제단에 제물을 차리고, 각 제후에게 거두어들인 옥규(玉珪)들을 바치고 천제를 거행했다. 그리고 포악하며 실덕(失德)한 주왕을 대신하여 자신이 천자가 되어 백성들을 구제하도록 해 달라는 기도를 올렸다. 천제가 끝나고, 서백창은 영대에서 내려와 제후들에게 자신이 천자가 되라는 천명을 받았음을 선포했다. 은나라를 멸하고 새로운 주인이 되라는 하늘의 뜻에 거역하는 자가 있다면 밀수처럼 패망의 벌을 받을 것이라고 경고도 했다. 제후들은 차례로 영대에 올라 제단에 향을 꽂고 서백창에게 내린 하늘의 명령에 따르겠다고 맹세하며, 상주혁명(商周革命)의 전쟁에 참여할 것을 다짐했다. 이로써 서백창은 왕이 되어, 자신을 따르는 제후들과 그렇지 않은 제후들의 구분을 명확히 하면서, 혁명의 의지를 대외에 널리 알리고 대업을 향한 본격적인 길에 나서게 된다.[30] 93세에 왕이 된 서백창은 사후에 '문왕(文王)'으로 불리게 되는데, 그 명칭은 그의 아들

<그림 7> 옥규(玉珪). 옥으로 만든 물품으로서 천자에게 분봉을 받을 때 같이 받았던 신분 증거물이자, 제후가 천제 때 바치는 신의의 상징

<그림 8> 링타이현 고영대 안의 벽화. 문왕이 형산 아래 영대를 지은 뒤, 천명을 얻기 위해 상제께 천제를 올리고 있다. 대에 '영대(靈臺)'라는 글자가 보인다.

무왕(武王)이 올린 시호였다.

은나라를 멸하고 중원을 차지하려면 나름의 명분이 필요한 법이다. 비록 주왕이 포악하다고 하더라도 은나라는 성군(聖君) 탕왕 이후 600년이나 존속해 온 나라다. 이 때문에 서백창, 즉 문왕은 혁명의 정당성이 필요했다. 그러므로 그는 상제를 모셨던 은나라의 유풍에 따라[31] 본인이 직접 천제를 올려 '천하의 주인이 되어라'는 명령을 받고자 했다.

---

30 張新民, 앞의 글, pp.28-30.
31 공자는 은나라가 하나라의 예법을 따랐고, 주나라는 은나라의 예법을 따랐다고 말했다. 子曰, 殷因於夏禮, 所損益, 可知也. 周因於殷禮, 所損益, 可知也. 『論語』「爲政」.

"하늘로부터 천명을 받았으면 천자가 되어야 한다!" 문왕이 하늘, 즉 '상제'로부터 여러 차례 천명을 받았다는 이야기는 『시경(詩經)』 「대아(大雅)·문왕지습(文王之什)」에 다음과 같이 전해진다.

> 드높은 천명은 상(은)나라의 자손에게 있었고
> 상(은)나라의 자손은 수없이 많았는데
> 상제께서 명하시어 주나라에 복종케 하셨도다.[32]
>
> 천자 자리가 은나라에 있었으나, 세상을 가지지 못하게 하셨느
> 니라. …
> 오직 이 문왕께서는 삼가고 조심하여
> 상제를 밝게 섬기고 마침내 많은 복을 품으니
> 그 덕 어긋남이 없어, 사방의 나라를 얻었도다.
> 하늘이 아래를 굽어 살피사 천명이 내렸느니라.[33]

이처럼 견융과 밀수를 정복하고 영대를 건설한 문왕에게 상제의 천명이 내렸음이 대내외에 널리 유포되었다.

지금까지가 링타이현에 전해지는 영대제천(靈臺祭天)의 전설이다. 이에 의하면 문왕이 영대를 세운 이유는 천문을 살펴 시간과 절기를 파악하거나 길흉을 점치기 위함이 아니었다. 그는 견융과 밀수를 토

---

32 假哉天命, 有商孫子, 商之孫子, 其麗不億, 上帝旣命, 侯于周服. 『詩經』 「大雅
　·文王之什」, '文王'.
33 天位殷適, 使不挾四方. … 維此文王, 小心翼翼, 昭事上帝, 聿懷多福, 厥德不
　回, 以受方國, 天監在下, 有命旣集. 『詩經』 「大雅·文王之什」, '大明'.

벌한 후 '득천명(得天命)', 그러니까 상제를 모시고 천제를 올림으로써 천자가 되라는 천명을 하늘로부터 얻기 위해 링타이현 형산 아래에 영대를 세운 것이었다.

▌'영(靈)'의 의미: 신명의 신령스러움

문왕의 영대제천은 정사(正史)에 기록되어 전하지는 않는, 구전 전승의 설화다. 그러나 오히려 그 덕분에 기록 당사자의 가치 판단과 평가에서 벗어나 날 것 그대로의 모습으로 서민들의 삶 속에 생생히 살아 전해질 수 있었다. 영대제천이 전하는 문왕 영대의 기능을 무시할 수 없는 이유다.

특히 제천으로써 천명을 받았다는 사실은 문왕의 대에 신령하다는 의미의 '영(靈)'이 붙은 이유를 제시하므로, 중요하게 주목되어야 한다. 일찍이 유향은 문왕이 사람들에게 인(仁)을 행하였고 인은 신령함을 의미하므로 그가 쌓은 대를 영대라고 한 것이라고 설명했었고,[34] 정약용은 문왕이 세운 대가 불과 며칠이 지나지 않아 빠르게 다 지어졌기[速成] 때문에 신기하고 영묘하다는 뜻으로 대의 이름을 영대라고 붙이게 된 것이라고 해설했던 적이 있었다.[35]

---

34 "은혜를 쌓으면 사랑이 되고, 사랑을 쌓으면 인(仁)이 되며, 인을 쌓으면 영(靈)이 되니, 영대가 신령스러운 까닭은 인을 쌓은 곳이기 때문이라. 신령함이란 천지의 근본이며 만물의 시작이니, 이런 연고로 문왕이 처음 서민을 접할 때 인으로써 하고 천하는 인이 아니면 안 되는 것이라." 積恩爲愛, 積愛爲仁, 積仁爲靈, 靈臺之所以爲靈者, 積仁也. 神靈者, 天地之本, 而爲萬物之始也. 是故文王始接民以仁, 而天下莫不仁焉. 『說苑』卷十九「修文」.
35 而亦謂之靈, 則以速成而謂之靈者. 『詩經講義』.

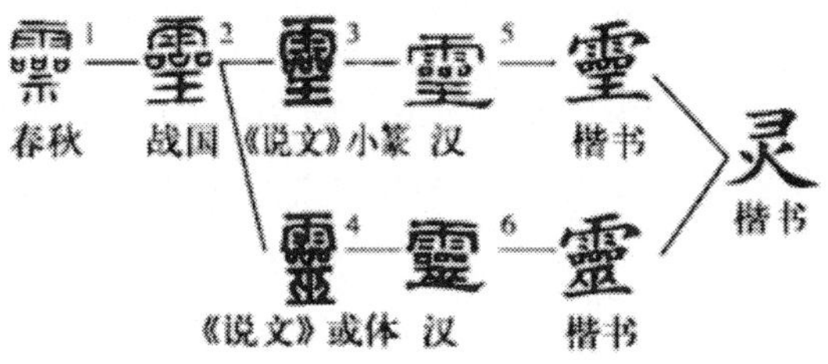

<그림 9> '靈' 글자의 시대에 따른 변화[36]

그러나 이들의 의견은 그다지 설득력이 있게 들리지 않는다. 원래 '靈'은 춤을 추며 신이 내려오는 무(巫)를 일컬으니, '신(神)'의 맥락에서 이해되는 글자다. 춘추시대 '靈'은 <그림 9>의 1번 글자처럼 우(雨), 구(口), 기(示)가 결합한 형태인데, 口와 示는 제단에 놓인 술잔 또는 그릇을 나타낸다. 즉 '靈'은 하늘의 신에게 제사를 지냄을 형상화한 문자다.[37] 유향과 정약용의 설명은 이런 사실을 제대로 드러내지 못한다. 이에 비해 영대제천 설화는 문왕의 건축물이 천제로써 신령한 천신과 소통하며 천명을 받드는 성스러운 의례 공간임을 말하기 때문에 '靈'의 대(臺)라고 이름을 붙일 수 있는 근거로 제시될 수 있다.

정리하자면, 문왕은 천문 관측으로 하늘의 뜻을 읽고 백성을 다스리기 위해 영대를 건설했다고 알려져 왔다. 하지만 그와는 전혀 다른 이야기도 전해지고 있다. 그것은 문왕이 견융과 밀수를 정복한 후 폭정을 일삼는 은나라를 멸하고 새로운 천자국을 세우려는 결심을 굳히고, 혁명에 정당성을 얻기 위해 천명을 받으려고 영대를 세웠다는 것

---

36 李学勤 主编, 『字源』(天津: 天津古籍出版社, 2013), p.24.
37 "灵" https://baike.baidu.com.

이다. 문왕은 자기를 따르는 제후들을 불러 모은 후 영대에서 천제를 거행하고, 상제로부터 천명을 받았음을 선포했다. 이 영대제천 전승 대로라면, 문왕의 최초 영대는 천문관측소가 아니라 상제를 모시고 천제를 올리는 제단이었다.

▌삼천 년의 풍파: 황토 제단에서 현대의 고영대로

문왕 영대는 전쟁 직후에 급하게 만들어졌다. 당시 문왕의 군사들은 영대를 건설하기 위해 흙을 가져다가 성벽처럼 높이 쌓고 그 위에 제단을 설치했다고 한다. 링타이현과 그 일대는 황토가 가득한 곳이어서, 건축 자재로 흙을 조달하기는 매우 쉬웠다.

링타이현에 황토로 쌓은 최초의 제단 영대는 삼천여 년의 세월을 지탱하면서 20세기 초까지 유지되었다. 물론 세월을 이기지 못하여 풍파에 황토가 깎여 나가 20세기 초에는 높이가 2장 남짓(약 6.7m)에 바닥의 밑변 길이가 1장 5척(약 5m)에 불과했다고 한다.

1928년이 되면 지역 군정(軍政) 당국이 군대 막사를 지으면서 영대의 남은 흔적을 완전히 허물어버렸다. 지역민들의 원성이 있자 링타이현 출신의 육군 사령관 양쯔헝(杨子恒, 1898-1961)의 제안에 따라 1933년에 영대를 짓기로 결정했다. 1934년에 영대가 있었던 터에 새로 들어선 것은 높이 28척(약 9.3m), 둘레 120척(약 40m)의 2층 팔괘정(八卦亭) 건물이었다. 그 안에는 문왕의 상(像)을 모셔두었다. 전하는 바에 따르면, 건축물로서의 영대가 완공될 때 동쪽에서 두루미[丹頂鶴] 두 마리가 날아와 3일 동안 돌면서 문왕 사당의 노송(老松)에 깃들었고, 링타이현 사람들은 이를 큰 길조로 여겼다고 한다.

<그림 10> 고영대(古靈臺) 입구. 주원(周苑)이라고 적혀있다.

<그림 11> 고영대(古靈臺). 문왕이 최초로 지은 영대 자리에 복원해 놓은 건물로서, 중앙에 '영대(靈臺)'라는 글씨가 있다.

<그림 12> 고영대 최상부의 문왕 상. 전각 입구에는 '지령인걸(地靈人傑)'이라고 적혀있다.

그러나 이 영대는 1966년 중국에 문화대혁명의 바람이 불 때 철저하게 파괴되었다. 영대가 없는 영대현(링타이현)은 있을 수 없다는 지역민들의 의견이 받아들여져 1984년부터 재건이 시작되었고, 1985년 12월 28일에 높이 36m의 북향 건축물로 다시 완성되었다. 그리고 '고영대(古靈臺)'라는 이름이 붙여져 지금까지 전해오고 있다.[38]

현재 이곳에는 입구에 '주원(周苑: 주나라의 정원)'이라는 간판이 붙은 문이 있다. 이 문을 들어서면 '영대(靈臺)'라고 적힌 건축물이 하나 우뚝 서 있는 것을 볼 수 있다. 새로 지어진 영대는 밖에서 보면 꼭대기 전각까지 총 6개의 층으로 보이는데, 실제는 3개의 층이라고 한다. 1층은 기념품 판매점과 관리실, 2층과 3층은 문왕 업적 전시관과 사

---

38 『灵台县志』, p.276.

무실이고, 꼭대기 옥상에는 문왕의 조각상을 모신 전각이 있어 향을
피우고 참배를 할 수 있게 되어 있다. 꼭대기로 오르는 영대 양옆의 기
다린 회랑 벽에는 영대 재건을 기념하는 비석 200여 개를 전시해 놓
았다.

3-2. 왕업의 기틀: 두 번째 영대, 풍경의 서주문왕영대(西周文王靈臺)

문왕이 영대를 하나만 세운 건 아니다. 그는 또 하나의 영대를 더
지었다. 그것은 왕업의 기틀을 다지기 위함이었다. 이 이야기를 풀
어본다.

▌ 풍경(豐京) 천도와 제국 도성의 설계

밀수를 정벌하고 득천명(得天命)하고자 링타이현 형산 아래 영대를
처음 세워 상제에게 천제를 올린 문왕은 본거지인 기산으로 돌아왔
다. 그는 94세가 되던 다음 해에 기(耆)나라를 치고, 95세 때는 부(邘)나
라를, 96세 때는 숭(崇)나라를 차례로 토벌했다.[39] 특히『시경』은 문왕
의 숭나라 토벌을 상제의 명령으로 정당화하고 있음이 흥미롭다.

> 위대하신 상제께서 위엄있게 세상에 임하시어
>
> 사방의 나라를 두루 살피시고 백성의 고통을 구하시니 …
>
> 상제께서 문왕에게 이르시기를, 너는 배반함이나 횡포함이 불
>
> 가하고

---

39 殷时学·陶涛 主编, 앞의 책, p.23.

탐욕이 없으니, 뛰어나 먼저 공을 이루리라. …

상제께서 문왕에게 이르시기를, 내가 덕을 밝히는 자를 좋아하니

큰 소리로 화를 내거나 얼굴을 붉히지 말고

형벌이나 전쟁 도구를 귀히 여겨 늘리지 말며

알지 못하는 것은 상제의 법도만을 따르라.

상제께서 문왕에게 이르시기를, 이웃 나라에 자문을 얻고

형제의 나라와 함께 적의 성벽을 오를 사다리와

임차(臨車)[40]와 충차(衝車)[41]를 이용하여 숭나라의 성벽을 부

수라.[42]

이제 문왕은 중원으로 진출하기 위해, 도읍을 동쪽으로 옮기고자 했다. 그가 새 도읍으로 낙점한 지역은 지금의 시안 서쪽 외곽에서 위수(渭水)로 흘러 들어가는 풍하(灃河) 주변이었다. 문왕은 풍하 서쪽에 종묘(宗廟)와 원유(園囿)[43]를 짓고 '풍경(豐京, 또는 豐邑이라고도 함)'이라 이름했다.[44]

---

40 성벽보다 높이 만들어서 성벽을 내려다보고 공격하는 공성(攻城) 병기.

41 굵고 단단한 나무 기둥 끝에 쇠붙이를 붙여 성문이나 성벽을 부수도록 제작된 공성 병기.

42 皇矣上帝, 臨下有赫, 監觀四方, 求民之莫, … 帝謂文王, 無然畔援, 無然歆羨, 誕先登于岸. … 帝謂文王, 予懷明德, 不大聲以色, 不長夏以革, 不識不知, 順帝之則. 帝謂文王, 詢爾仇方, 同爾兄弟, 以爾鉤援, 與爾臨衝, 以伐崇墉.『詩經』「大雅・文王之什」, '皇矣'.

43 큰 규모의 왕실 정원. 주위에 담장을 두르고 여러 정자와 누각을 두며, 돌과 나무로 조경하고, 새와 짐승을 기르기도 한다.

44 문왕 사후 즉위한 무왕(武王)은 풍하 동쪽에 국왕이 거주하며 정사를 보는 궁궐을 설치하고 '호경(鎬京)'이라 불렀다. 문왕이 풍하 서쪽에 세운 풍경, 무왕이 풍하 동쪽에 세운 호경을 합쳐서 '풍호(豐鎬)'라고 한다. 풍호는 중국 역사상 최초로 사각형 모양으로 건설된 체계적인 도시이며, 이후 등장한 중국 국

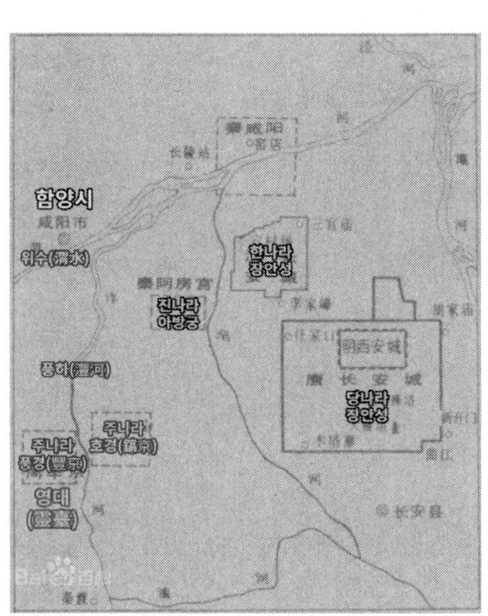

<그림 13> 당나라 장안성 서편에 위치한 주나라 풍경과 호경. 풍경과 호경 사이로 풍하가 흐른다. 문왕은 풍경 남쪽에 영대를 세웠다. (사진: 바이두)

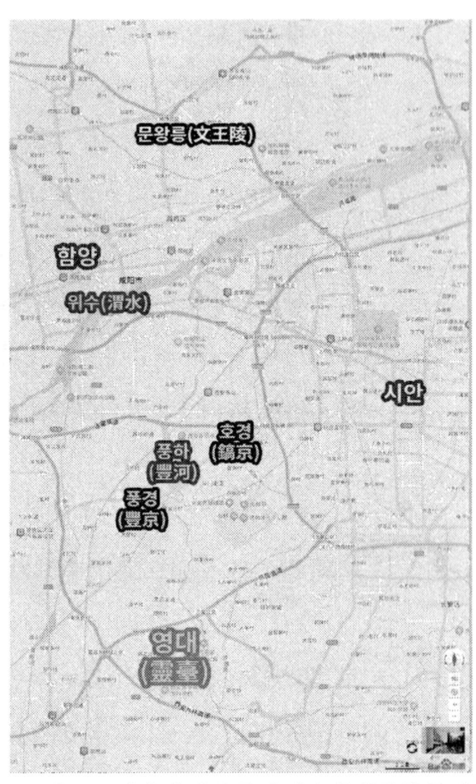

<그림 14> 시안시 서쪽 풍하 좌우에 위치한 풍경과 호경. 문왕이 두 번째로 건설한 영대 유적은 풍경[丰鎬遺址]에서 남쪽으로 9.6km 떨어진 사찰 평등사(平等寺) 안에 있다. 평등사의 주소는 '西安市长安区灵沼乡阿底村'이다. (지도: 바이두)

그리고 문왕은 풍경으로 도읍을 옮겼다. 당시 그의 나이 96세였다.

문왕에게는 숙제가 하나 있었다. 그것은 밀수 지역에서 쌓았던 제단 영대를 정식으로 올리는 것이었다. 제왕은 대를 세워야 하는 법이

가들의 도읍지 모델이 되었다. 이 도시는 서주(西周)의 수도로 약 300년 동안 사용되었으며, 종주(宗周)라고도 불린다. "丰鎬" https://baike.baidu.com.

므로, 중원으로 진출하여 은나라를 꺾고 천자가 되려 하는 문왕으로
서는 이전에 흙으로만 쌓았던 영대를 제대로 만들 필요가 있었다. 문
왕은 풍경 남쪽에 영대를 건설하기로 결정했다. 그곳은 주나라의 종
묘와 왕실 정원이 있는 풍경[丰鎬遺址]에서 남쪽으로 **9.6km** 떨어진 장
소였다. 문왕은 주나라 백성을 동원하여 영대를 건설하도록 명령을
내렸다. 두 번째 영대의 건설 목적은 상제께서 자기에게 천명을 주신
데 대한 감사의 치성을 올리는 것, 나아가 자신이 천자로서의 권위를
하늘로부터 얻었음을 대내외에 널리 선포하는 것이었다.

▌『시경』이 노래한 영대: 삼령(三靈), 영대·영유·영소의 조화

　　두 번째 영대 건설 이야기는『시경(詩經)』「대아(大雅)·문왕지습(文王
之什)」에 전한다.[45] 그 전문은 다음과 같다.

經始靈臺	'**영대(靈臺)**'를 짓기 시작하여
經之營之	그것을 재고 다지니
庶民攻之	서민들이 거들어주어
不日成之	며칠 안 되어 다 이루어졌네.
經始勿亟	지을 때 서두르지 말라고 하였으나
庶民子來	서민들은 어버이 돕는 자식처럼 모여들었다네.
王在靈囿	문왕이 '**영유(靈囿: 영대 근처에서 동물을 기르는 동산)**'
	에 오르니

---

45 『詩經』「大雅·文王之什」, '靈臺'.

麀鹿攸伏   암수 사슴이 이에 엎드리네.

麀鹿濯濯   암수 사슴은 포동포동 윤기 흐르고

白鳥翯翯   백조는 깨끗하고 하얗도다.

王在靈沼   문왕이 '**영소(靈沼: 영대 앞의 연못)**'에 머무르니

於牣魚躍   아아, 물고기가 한가득 뛰어노네.

虡業維樅   종과 경을 매다는 틀에

賁鼓維鏞   큰 북과 큰 종이 걸려 있네.

於論鼓鍾   아! 질서 있게 종을 쳐서

於樂辟廱   아! 벽옹(辟廱: 임금이 공부하는 학궁)을 즐겁게 하네.

於論鼓鍾   아! 질서 있게 종을 쳐서

於樂辟廱   아! 벽옹을 즐겁게 하네.

鼉鼓逢逢   악어 가죽 북을 둥둥 울리며

矇瞍奏公   앞 못 보는 악공들이 음악을 연주한다네.

『시경』 원문에서 눈여겨봐야 할 게 '삼령(三靈)'이다. 삼령이란 세 개의 영(靈), 즉 ① 영대(靈臺), ② 영유(靈囿), ③ 영소(靈沼)다. 문왕은 두 번째 영대를 세울 때, 그 주변에 동물을 기르는 큰 동산과 연못도 같이 조경했다. 특히 문왕이 연못[靈沼]을 파게 했을 때 연고 없는 유골이 나오자, 버리지 않고 옷을 입혀 관에 넣고 장사를 지내주었다는 일화는 유명하다.[46] 이렇게 상제를 모신 문왕의 두 번째 영대는 연못인 영소, 그리

---

46 문왕이 영대(靈臺)를 짓다가 연못[靈沼]도 파게 되었는데 죽은 자의 유골이 나오자 다시 묻어 주어라[更葬之]고 했지만, 관리가 주인이 없는 유골이므로 버려도 된다고 답했다. 문왕이 그에 반대하면서 "천하가 있으면 천하의 주인이 있고, 한 나라가 있으면 한 나라의 주인이 있다. 내가 바로 그 주인이다." 하면

고 동물을 기르는 동산을 끼고 있는 대규모 건축물이었다.

▌ 성(聖)과 속(俗)의 융합: 고대인의 통합적 공간 인식

문왕이 풍경을 건설하면서 세웠던 영대는 주나라 800년 역사 동안 유지되었다. 영대는 주나라 종교 생활의 중심으로서 몇 번의 개축을 거듭하며 천자가 하늘에 제사하고 제후들을 초빙하거나, 천문 관측을 하는 등 여러 목적으로 쓰였다.[47]

오늘날의 관점에서 보면 상제에게 천제를 올리는 성스러운 공간에 제후들을 접견한다거나 천문 관측 업무를 본다거나 하는 행위가 이해되지 않을 수 있다. 장엄하고 성스러운 공간은 번잡한 세속에 물들면 안 된다는 생각 때문이다. 그러나 성스러움과 세속성을 구분하는 것은 근대 이후에 나타난 현상이다. 동양이든 서양이든 고대인들은 '종교적인 것'과 '비종교적인 것(세속적인 것)'을 구분하지 않았다.

예를 들어 로마의 신전은 신들을 모시는 성스러운 장소였지만, 그 안에서는 현대인이 '종교적'이라고 생각할 수 없는 다양한 활동들이 이루어졌다. 로마 세계에서 신전은 신들에게 경건함을 표하는 장소

서 묻어주도록 명령을 내리자, 관리는 그 명에 따라 시신에 옷을 입히고 관에 넣어 묻었다. 이 소식을 들은 천하의 사람들은 문왕의 어진 마음에 감격했다고 한다. 周文王作靈台及爲池沼, 掘地得死人之骨, 吏以聞于文王. 文王曰: 更葬之. 吏曰: 此無主矣. 文王曰: 有天下者, 天下之主也; 有一國者, 一國之主也. 寡人固其主, 又安求主. 遂令吏以衣棺更葬之. 天下聞之, 皆曰: 文王賢矣, 澤及枯骨, 又況於人乎. 或得寶以危國, 文王得朽骨, 以喻其意, 而天下歸心焉. 『新序』「雜事第五篇」.

47　刘次沅·张铭洽, 「陝西关中古代天文遗存」, 『陝西天文台台刊』(1992年 第2期), p.112.

였을 뿐 아니라 회의 장소, 법률 문서 보관소, 은행, 도서관, 박물관, 심지어 시장의 기능도 동시에 수행했다.[48] 마찬가지로 동아시아에서도 고대 천자가 머물던 명당(明堂)은 본래 상제와 조상신에게 제사를 올리는 신성한 종교적 공간이었으나, 동시에 천자가 제후들로부터 조례를 받고 정령(政令)을 선포하는 정치의 중심지였으며, 교육과 천문 관측이 이루어지는 다목적 복합 공간이었다. 문왕의 영대 역시 신령한 기운이 감도는 제천 의례의 중심 장소였으나, 하늘의 기운을 살피는 천문 관측, 그리고 제후들의 접견도 모두 거행된 장소였다. 그 모두가 하늘을 대신한 천자의 통치 행위를 구성하는 요소였던 까닭이다.

▌ 한(漢) 제국의 계승과 평등사(平等寺)

문왕 영대는 주나라가 쇠락하면서 점차 그 기능을 잃어갔다. 주 왕조를 종식하며 춘추전국시대의 혼란을 잠재운 진(秦) 통일제국이 단명한 뒤, 유방이 건국한 한(漢)나라가 천하의 패권을 거머쥐며 장기적인 제국의 기틀을 마련하자 서기전 1세기 후반 '대'가 다시 세워졌다. 이 대는 장안성(長安城) 남쪽 안문(安門) 동쪽에 건설되었으며, 원래 이름이 청대(淸臺)였으나 곧바로 영대(靈臺)로 개칭되었다.[49] 그러나 이 영대는 소실되었고 유적도 전해지지 않는다.

전한(前漢) 왕조가 외척 왕망(王莽)의 찬탈로 인해 일시 멸망하고 신(新)나라가 들어섰으나, 곧 광무제(光武帝, 서기전 5-서기 57)가 한실(漢室)을

---

48 Brent Nongbri, *Before Religion: A History of A Modern Concept* (New Haven: Yale University Press, 2013), p.3, p.5.
49 刘次沅·张铭洽, 앞의 글, p.115.

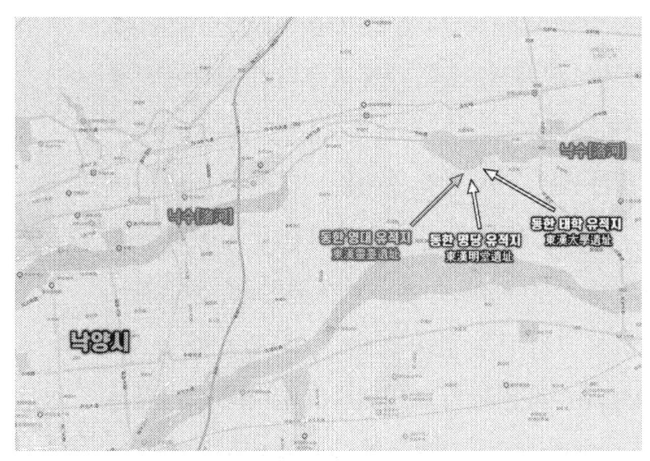

<그림 15> 동한영대의 유적지 위치. 허난성(河南省) 뤄양시(洛阳市) 동북쪽 외곽에 있다. 좌표는 위도 34.69841, 경도 112.62778. 동한영대 우측에 동한 명당과 동한 태학 유적이 있고, 그 북쪽으로 낙수[洛河]가 동쪽으로 흐른다.

<그림 16> 동한영대 유적. '한위낙양고성(汉魏洛阳故城)' 표지석 뒤의 낮은 흙무더기다.

<그림 17> 동한영대의 복원 모형. 중국 정저우(郑州) 하남박물원(河南博物院) 전시품

복구하여 후한(後漢)을 재건하였다. 그리고 서기 56년에 낙양에 영대를 다시 세웠다. 광무제의 낙양 영대는 동한영대(東漢靈臺)로 불리며, 천자가 태일신과 오제에게 천제(天祭)를 올리고 정치를 행하는 건물인 명당(明堂), 천자의 학궁인 벽옹(辟雍)과 함께 삼옹(三雍) 혹은 삼궁(三宮)으로 알려졌다. 동한영대는 건축 후 250년 동안 태사령(太史令)의 감독 하에 천문관측기구 지동의(地動儀)를 운용하는 천문대로 사용되었다. 서진(西晉) 말기에 전란을 겪어 소실되어 전해지지 못했고, 지금은 허난성(河南省) 뤄양시(洛阳市) 동북쪽에 그 유적의 흔적이 있다. 1974~1975년에 시행된 발굴 조사에 따르면, 동한영대 유적에는 중앙에 사각형으로 다져 쌓은 흙의 단(壇)이 높이 8m의 2층 구조로 되어 있었으

며, 그 대지에 정면 5칸, 측면 5칸 규모의 건물이 놓여 있었다고 한다.
그 건물의 사면 바닥 벽돌에는 백색, 청색, 주홍색을 각각 칠하여 사방
(四方)의 방위 색상을 나타냈다.[50]

한편, 왕조가 여러 번 바뀌는 동안 문왕 영대는 버려진 채 쇠락하여
갔다. 그 유적은 송나라 때까지 남아 있었다고 전해진다. 북송의 관료
이자 역사·지리학자인 송민구(宋敏求, 1019-1079)가 편찬한 『장안지(長
安志)』(1076)에 의하면, 당시 그가 문왕 영대를 찾아 조사했을 때 높이 2
장(약 4.6m)에 둘레 120보의 흔적을 남기고 있었다고 한다.[51] 송민규는
그 그림을 '함양고적도(咸陽古迹圖)'에 그려두었다(<그림 18>).

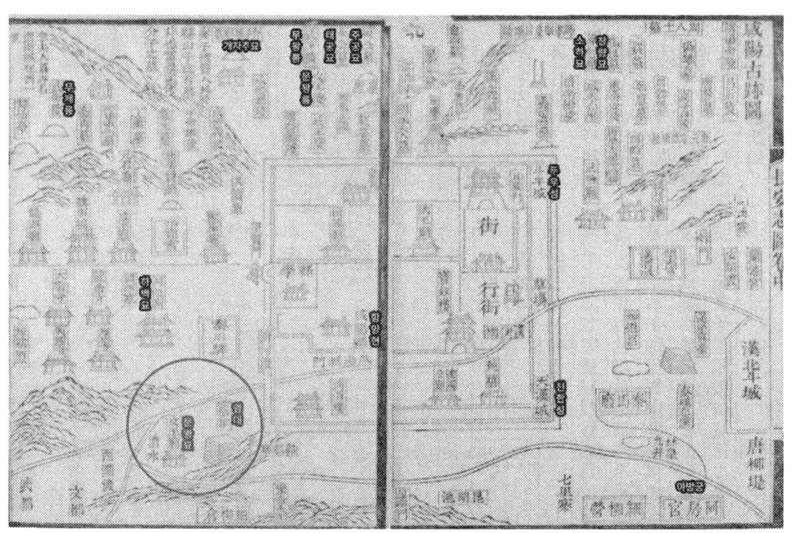

<그림 18> 『장안지(長安志)』의 '함양고적도(咸陽古迹圖)'

---

50 "灵台遗址" https://baike.baidu.com.
51 今案臺高二丈, 周圍百二十步. 『長安志』卷三.

<그림 19> 평등사 경내에 있는 문왕 영대 표지석.
이 뒤에 문왕을 모신 전각이 있다. 이 자리에 문왕이
두 번째로 건설한 영대가 있었다.

<그림 20> 전각 내부 문왕의 상(像)

명나라 때가 되면 문왕 영대가 있었던 자리에 평등사(平等寺)라는 불교 사찰이 들어선다.[52] 이 사찰은 지금까지 여러 번 중수(重修)를 거듭하면서 전해지고 있다. 특히 1982년에 정천법사(淨天法師)가 이 사찰에서 기거를 시작하면서 2004년 입적할 때까지 평등사를 발전시켰다.[53]

명나라 때 지어진 평등사는 오래된 고찰이지만 석가불이나 미륵불을 모시는 곳이 없고, 단지 지장전과 관음전만 두었다. 그 대신에, 문왕 영대의 터를 지켜온 만큼 문왕을 모신 전각[文王閣]을 핵심 건물로 삼고 있다. 이 문왕각은 훼손이 심한 상태였으나, 2006년 9월에 새로 단장이 완료되었다. 이 전각은 높이 2.7m, 너비 12m, 길이 12.1m의 청석 벽돌로 만든 넓은 기반 위에 16개의 계단을 두고 있다.[54] 안에는

---

52 刘次沅·张铭洽, 앞의 글, p.112; 평등사가 당나라 때 영대 터에 창건되었다는 설도 있지만, 북송의 송민구가 영대의 유적을 찾아 조사했다는 기록을 남겼음을 고려하면, 평등사는 북송 이전에는 없었다고 보아야 한다.

53 https://baijiahao.baidu.com/s?id=1761484106129679630&wfr=spider&for =pc.

문왕의 상(像)을 놓아 참배할 수 있게 하였고, 문왕의 일대기도 벽화로 그려두었다. 그리고 전각 앞에는 문왕이 세웠던 영대가 이곳에 있었음을 알리는 표지석이 하나 서 있다. 현재 평등사에서는 매년 정월 20일이 되면 문왕을 기리는 예불 행사를 벌인다.

4. 수도의 중심, 마음 영대

4-1. 『장자』의 마음 영대

영대는 문왕이 지은 건축[물질] 이름으로 처음 등장했다. 그러나 후대로 내려오면서는 물질보다 비물질인 마음의 의미로 더 잘 알려졌다. 영대가 언제부터 마음의 뜻으로 쓰이기 시작했는지는 알 수 없다. 다만 문헌으로만 보면, 서기전 3세기 무렵 전국시대 말에 편찬된『장자(莊子)』가 그 최초의 기록이다.

(A) 공수(工倕: 요임금 시대의 기술자)는 손을 돌리면 그림쇠와 곱자를 씌운 듯 딱 들어맞았다. 손가락은 물건과 일체화되어 마음으로써 따짐이 없어서, 그러므로 그 '영대(靈臺: 마음)'가 하나여서 막힘이 없었다. 발을 잊어버림은 신발이 꼭 맞아서이고, 허리를 잊어버리는 것은 허리띠가 꼭 맞아서이다. 옳고 그름을 잊어버림은 마

---

54 https://baijiahao.baidu.com/s?id=1761484106129679630&wfr=spider&for
=pc.

음이 맞아서이다. 안으로 변함이 없고 밖으로 좇음이 없음은 일의
부합함이 적당하기 때문이다. 알맞은 데에서 시작하여 늘 맞지 않
음이 없음은 알맞음을 잊어버리는 경지의 알맞음이다.[55]

　(B) 배우는 자는 그 배울 수 없는 것을 배우려 하고, 길을 가는 자
는 그 갈 수 없는 곳을 가려 하며, 말하는 자는 그 말할 수 없는 것을
말하려 한다. 앎이 그 알 수 없는 곳에까지 다다른다면 앎에 도달할
수 있다. 만일 이를 따르지 않는다면 천균(天鈞: 만물과 균형·조화를
이루어 일체가 된 경지)은 깨어지게 된다. 물건을 갖추어서 형체를 기
르고, 사색하지 않는 지혜로 마음을 살리며, 공경으로써 상대에게
이를 수 있어야 한다. 만약 이러했음에도 온갖 재난이 닥친다면, 그
일은 하늘에 달린 것이지 사람에 달린 것이 아니다. 그로써 어지러
워질 수 있는 게 아니며, '영대(靈臺: 마음)'의 안에 놓이는 것도 불가
하다. '영대[마음]'라는 것은 지켜야 하는 것이나, 그 지키는 바를 알
지 못하면 지킬 수 없는 것이다.[56]

　(A)는 기술자가 물건을 잘 만드는 이유를 몸[손]과 물건의 일체에서
찾고 있다. 그리고 그 일체를 가능하게 한 것은 영대[마음]가 둘이 아니

---

55 工倕旋而蓋規矩, 指與物化, 而不以心稽, 故其靈臺一而不桎. 忘足, 履之適也.
忘要, 帶之適也. 知忘是非, 心之適也. 不內變, 不外從, 事會之適也. 始乎適而
未嘗不適者, 忘適之適也. 『莊子』「外篇」, '達生'.
56 學者, 學其所不能學也. 行者, 行其所不能行也. 辯者, 辯其所不能辯也. 知止乎
其所不能知, 至矣. 若有不卽是者, 天鈞敗之. 備物以將形, 藏不虞以生心, 敬中
以達彼. 若是而萬惡至者, 皆天也, 而非人也. 不足以滑成, 不可內於靈臺. 靈臺
者, 有持而不知其所持, 而不可持者也. 『莊子』「雜編」 '庚桑楚'.

라 하나이기 때문으로 본다. (B)는 구별과 대립을 극복하고 만물을 있는 그대로 그 극한의 경지까지 긍정하는 망아(忘我)의 경지를 말한다. 이 경지에 다다른 안정된 마음은 '영대'로 설명된다.

이처럼『장자』는 영대를 잡념이 허용되지 않는 인간의 순수한 마음을 의미하는 용어로 사용하고 있다. 이때의 영대는『장자』가 말하는 세 개의 수행법, 즉 심재(心齋)·전일(專一)·좌망(坐忘)의 도달 목표로 이해할 수 있다. 심재란 마음을 깨끗하게 하여 부정을 물리치고, 마음을 비워[虛] 고요하게 유지하여[靜] 재물이나 명예를 포함하는 외부 사물에 흔들리지 않음을 의미한다. 이 상태에서 단정히 앉아 생각을 하나의 대상에만 집중하는 게 전일이며, 그로써 '주관 vs. 객관', '주체 vs. 객체', '옳음 vs. 그름'의 구분 따위를 잊어버리는 공부가 좌망이다. 이렇게『장자』는 심재·전일·좌망으로써 잡념을 버리고 마음을 비워 정신을 모으면 천지와 일체를 이루고 도를 체험할 수 있음을 강조한다.[57] 쓸데없는 생각과 같은 어지러움을 막아 지켜야 하는 순수한 마음 그 자체는『장자』수행의 핵심이자 도달해야 할 목표다. 이 마음을『장자』는 '영대'라는 용어로 표현하고 있다.

'영대(靈臺)'와 '천균(天鈞)'은 서로 긴밀히 연결된 개념이다. 영대[마음]는 수행을 통해 회복해야 할 본연의 정적인 '목표'인 동시에, 심재와 좌망을 실천하는 내면의 동적인 '주체'로서의 지위를 점한다. 이러

---

57 하치야 구니오,『중국 사상이란 무엇인가』, 한예원 옮김 (서울: 학고재, 1999), p.146; 김승혜,「신비주의 시각에서 본 도교」,『한국도교문화의 초점』(서울: 아세아문화사, 2000), pp.529-532; 김낙필,「도교 수행론에서의 심과 기」,『도교문화연구』33 (2010), p.14; 지혜경,「道·佛 수행론의 차이」,『도교문화연구』23 (2005), pp.289-291.

한 영대가 한결같아져[專一] 막힘이 없는 상태에 이르면, 수행자는 개별적 자아의 집착을 잊는 망아(忘我)의 상태를 실현하게 되며, 그 필연적인 결과로 만물이 차별적 대립을 넘어 본질적 균형을 이루는 천균(天鈞)의 경지에 이르게 된다. 즉, 망아가 주체의 내면적 초월 과정을 의미한다면, 천균은 그 초월을 통해 도달한 우주적 조화의 원리이자 결과적 경지를 지칭한다.

영대가 문왕이 세운 물리적 건축물이라는 역사적 실체에서 인간의 '마음'이라는 관념적 상징으로 전이된 배경에는 동양철학의 핵심인 '천인합일(天人合一)' 사상이 있다. 본래 영대는 상제에게 천제를 올리고 신과 소통하면서 천문 관측으로 하늘의 뜻을 읽는 신성한 성역(聖域)이었다. 『장자』는 이러한 외적 성역을 인간 내면으로 투사하여, 외부의 자극에도 흔들리지 않고 본연의 신령스러움을 보존해야 할 마음의 중심 처소로 영대를 재정의하였다. 이것은 천제를 지내고 하늘의 이치를 살피던 '물질적' 관측대를 인간의 마음이라는 '비물질적' 관측대로 내면화한 결과였다. 즉, 『장자』는 인간의 마음이 신령한 지성소(至聖所)이자 우주의 질서와 합일되는 통로임을 선언한 것이다.

정리하자면 영대는 마음으로서, 수행의 '주체'이자 '목표'로서의 지위를 점유한다. 이러한 영대의 순수성이 확보되어 한결같아질 때 비로소 만물과 본질적 균형을 이루는 천균의 경지에 이르게 된다. 이러한 영대 의미의 변형은 인간의 내면이 곧 우주의 근원과 맞닿아 있다는 동양 사유의 일단을 보여준다. 결국, 건축물 영대는 상제[신명]라고 하는 외재적 신령스러움을 담은 공간이었고, 『장자』가 재정의한 마음 영대는 천인합일의 가능성을 가진 인간의 내재적 신령스러움을 담은 상징이었다고 말할 수 있다.

4-2. 주희의 「경재잠(敬齋箴)」에 보이는 마음 영대

문헌 추적 결과, 마음을 의미하는 비물질적 개념의 영대는 도교, 특히『장자』의 수행론적 맥락에서 기원한 것으로 파악된다.『장자』의 수양 철학이 후대 중국 선종(禪宗)과 유학의 심성론에 심대한 영향을 끼쳤음을 상기한다면, 비물질적 영대 개념 역시 유불도 삼교의 수행 담론 속에서 유의미한 상관관계를 형성하며 전승되었을 것으로 판단된다.

실제 그 사례를 찾아보는 것은 어렵지 않다. 예를 들어 유학자인 주희(朱熹, 1130-1200)는 43세[1172년] 때 직접 쓴「경재잠(敬齋箴: '경재'라는 서재에서 자기에게 읊는 경계의 글)」을 벽에 붙여놓고 날마다 자신의 몸가짐과 마음 상태를 단정히 할 것을 되새겼는데, 그 마지막 글귀가 '감히 영대(靈臺)에 고하노라'였다.

> 의관을 바르게 하고, 시선을 경건하게 두라. 마음을 정돈하여 거처함이 흡사 상제와 대면하듯 하라[潛心以居 對越上帝]. 걸음걸이는 반드시 무겁게 하고 손 모양은 반드시 공손히 하라. 땅을 가려 밟아가며, 개미집도 다치지 않도록 돌아서 가라. 집을 나서면 손님 모시듯 공손하고, 일할 때는 제사 지내듯 정성을 다하며, 조심하고 조심하여 혹시라도 소홀함이 없도록 하라. 입 지키기를 병마개 막듯 하고, 잡념 막기를 성곽 지키듯 하며. 마음을 가다듬어 정성껏 하고

혹시라도 경솔함이 없게 하라. 동쪽으로 갈 때는 서쪽을 돌아보지 않고, 남쪽으로 갈 때는 북쪽에 흔들리지 않으니, 일을 당하면 거기에만 집중하되 다른 곳으로 치달리지 않는다. 두 가지 일에 두 가지 마음을 갖지 말며, 세 가지 일에 세 가지 마음을 갖지 말라. 마음을 오직 하나로 하여 만 가지 변화를 살펴라. 이와 같이 종사함을 경(敬)을 지님이라고 하니, 움직일 때나 멈출 때나 어기지 말고 겉과 속을 서로 바르게 하라. 잠시라도 틈이 있게 되면 사욕(私欲)이 만 가지로 일어나서, 불이 없어도 뜨겁게 느끼고, 얼음이 없어도 차갑게 느끼게 된다. 털끝만큼 어긋남이 있으면 하늘과 땅이 뒤바뀌게 되고, 삼강(三綱)은 무너지고, 구법(九法)[58] 또한 쓸려나갈 것이다.

---

[58] '구법'은 『상서』에 등장하는 '홍범구주(洪範九疇)'를 의미한다. 홍범구주는 세상을 다스리는 아홉 가지의 근본 원칙인데, 주희는 이것을 '법(法)'으로 표현하여 그 규범적 성격을 강조했다. 그 내용은 다음과 같다.
① 오행(五行): 水, 火, 木, 金, 土
② 오사(五事): 貌(태도: 태도는 공손해야 한다. 공손하면 엄숙해진다), 言(말: 말은 이치를 따라야 하고 이치를 따르면 잘 다스려진다), 視(보기: 보는 것은 밝아야 하고 밝음은 지혜를 만든다), 聽(듣기: 듣는 것은 분명해야 하며, 분명하면 지모가 있게 된다), 思(생각: 생각은 깊고 통해야 하며, 깊고 통하면 성인처럼 된다)
③ 팔정(八政): 食[식량], 貨[경제], 祀[제사], 司空[토목], 司徒[교육], 司寇[치안], 賓[외교], 師[군대]
④ 오기(五紀): 歲[년], 月[달], 日[태양], 星[별], 曆數[역법의 계산]
⑤ 황극(皇極): 임금이 바른 정치를 함
⑥ 삼덕(三德): 正直(바르고 곧음), 剛克(굳셈으로 극복함), 柔克(부드러움으로 극복함)
⑦ 계의(稽疑): 卜筮(天時를 알기 위해 점을 침)
⑧ 서징(庶徵): 天時와 地利의 각종 조건. 즉 雨[비], 暘[맑음], 燠[더움], 寒[추움], 風[바람], 時[절후]
⑨ 오복(五福): 壽[장수], 富[재물], 康寧[건강과 편안], 攸好德[훌륭한 덕을 닦는 것], 考終命[늙어서 죽음을 맞이하는 것]
⑩ 육극(六極): 短折[횡사], 疾[질병], 憂[근심], 貧[가난], 惡[흉악], 弱[쇠약]

아!, 세상 사람들아. 깊이 마음에 새겨두고 공경하라. 글로 형상화

된 경계의 말씀은 엄중한 감시를 수행하니 감히 영대에 고하노라

[墨卿司戒, 敢告靈臺].[59]

「경재잠」은 '상제를 대면하는[對越上帝]', 즉 상제가 나를 지켜본다
고 하는 초월적 감시의 시선을 상정하고, 엄숙한 긴장감이 흐르는 속
에서 자기를 단속할 것이라는 각오를 다지며 출발한다. 경(敬)을 상실
한다면 사욕(私欲)이 범람하여 질서가 붕괴할 것임을 스스로 경고하
고, "묵경(墨卿)이 엄중한 감시를 수행하니, 감히 영대에 고하노라[敢告
靈臺]"라는 결구로 마무리한다. 그러니까 문자와 붓을 의인화한 매개
체인 '묵경(墨卿)'은 내가 나에 대한 경계를 늦추지 못하도록 엄중하게
감시하고 있으며 그것을 '영대'에게 보고하고 있다. '글씨가 영대에
보고한다'라는 상징적 표현은, 글씨가 문왕의 물질적 건축물 영대에
올라가 직접 보고한다는 뜻이 아니다. 경계로 삼는 글귀가 정식화된
도덕적 규범을 통해 내면의 감시대를 일깨워 매 순간 나의 '실존'을 단
속하겠다는 의미다. 주희에게 있어서 영대에 고하는 행위는 자신이
지켜온 경건함이 본연의 순수한 마음과 대조하여 한 점 부끄러움이
없음을 확인받으려는 실천적 다짐이며, 외부의 초월적 시선을 내면의

---

59 正其衣冠, 尊其瞻視. 潛心以居, 對越上帝. 足容必重, 手容必恭. 擇地而蹈, 折
旋蟻封. 出門如賓, 承事如祭, 戰戰兢兢, 罔敢或易. 守口如瓶, 防意如城, 洞洞
屬屬, 罔敢或輕. 不東以西, 不南以北, 當事而存, 靡他其適, 弗貳以二, 弗參以
三, 惟心惟一, 萬變是監. 從事於斯, 是曰持敬, 動靜弗違, 表裏交正. 須臾有間,
私欲萬端, 不火而熱, 不氷而寒. 毫釐有差, 天壤易處, 三綱旣淪, 九法亦斁. 於
乎小子. 念哉敬哉. 墨卿司戒, 敢告靈臺.『朱文公文集』卷第八十五「敬齋箴」.

자율적 감시 기제로 전이시킨 고도화된 수양론의 결과물이라 할 수 있다. 이렇게 「경재잠」은 『장자』에서 기원한 비물질 영대 개념이 유학적 수양론과 결합하여 어떻게 내면화되는지를 선명하게 보여준다.

4-3. 『서유기』의 영대

비물질 영대―마음이 수련 전통에 나타나는 또 다른 사례로 『서유기(西遊記)』가 있다. 수 세기에 걸친 설화와 문학적 전통이 집대성되어 16세기에 출판된 『서유기』는 비현실적인 요괴와 신선이 등장하는 신마(神魔) 소설의 형식을 취하고 있으나, 그 이면에는 마음 수행과 공(空)의 깨달음을 형상화한 '수도(修道)' 소설의 성격도 내포되어 있다.

내용을 보면, 화과산(花果山)의 제왕으로서 부귀를 누리던 돌 원숭이가 늙은 원숭이의 죽음을 목격하고 생로병사의 허무함을 깨달음이 출발점이다. 돌 원숭이는 세속의 쾌락이 영원할 수 없음을 통감하고, 죽음을 초월한 불로장생의 비결을 얻고자 뗏목 하나에 의지해 대양을 건너는 구도의 길에 오른다. 약 10년 동안 세상을 유랑하며 고행을 거친 끝에, 마침내 '영대방촌산(靈臺方寸山)'의 '사월삼성동(斜月三星洞)'에 당도하여 수보리조사(須菩提祖師)를 만나게 된다. 수보리조사는 돌 원숭이에게 '손오공'이라는 법명을 지어주고, 근두운과 72종의 변화를 일으키는 지살수(地煞數) 술법까지 가르친다. 그러나 손오공이 변신술을 마음대로 사용하며 구름을 타고 하늘을 날게 된 것을 사람들 앞에서 자랑하자, 스승 수보리조사는 손오공을 과감히 문하에서 내쫓는다.

원래 '수보리(Subhūti)'는 석가모니의 16대 제자 가운데 한 명으로
서, 우주의 공(空)한 이치를 가장 깊이 체득했다고 하여 '해공제일(解
空第一)'로 불렸다. 수보리조사의 이름은 바로 여기에서 따온 것이다.
그가 돌 원숭이에게 법명을 지어줄 때, 문중 항렬에 따라 '오(悟)' 글
자를 선택하게 하면서, 그 뒤에 '공(空)'을 덧붙여 '오공(悟空: 空을 깨달
음)'이라 한 것도 우연이 아니다. 불교적 배경을 가진 수보리조사는
손오공에게 도교적 술법을 가르치지만, 법명에 '공(空)'을 넣음으로
써 최종적으로는 '우주의 공한 이치를 깨닫기[悟空]'를 기대했던 것
이다.

깨달음을 함의하는 또 다른 장치는 '오공'이라는 이름 외에도, 손오
공이 수련했던 장소의 명칭에 있다. 수보리조사가 살고 있는 곳이자,
손오공이 수행하는 현장은 영대방촌산(靈臺方寸山)의 사월삼성동(斜月
三星洞)이다. 여기에서 '방촌(方寸)'은 가슴속 마음을 일컫는 대명사이
며, 그 앞에 붙은 '영대' 역시 건축물이 아닌 마음의 별칭으로 풀이된
다. '사월삼성(斜月三星)'은 자형(字形)에 기대어 마음[心]을 풀어낸 명명
법으로, '사월(斜月)'은 心자의 굽은 갈고리 획[乚]을, '삼성(三星)'은 그
위에 놓인 세 점[丶丶]을 가리키므로 둘을 합하면 곧 심(心)이 된다.[60] 이
렇게 '영대·방촌·사월삼성'이라는 삼중 표지는 수행처의 공간적
표상이 곧 마음[心]의 공간화임을 암시하며, 손오공의 수행은 도술 습
득의 과정인 동시에 마음을 '안정·집중·변환'시키는 내면적 수련
에 있음을 시사한다.

---

60 오승은, 『서유기』, 서울대학교 서유기 번역연구회 옮김 (서울: 솔출판사, 2008),
    p.66, p.357.

이상과 같이 『서유기』의 도입부는 도불(道佛) 혼융의 전통 속에서 불로장생과 깨달음을 구하는 모습이 묘사되고 있다. 여기에는 고도의 수양론적 장치가 보이는데, 그것은 공(空)의 깨달음을 의미하는 '수보리(Subhūti)'와 '오공(悟空: 공을 깨달음)'의 캐릭터 명칭, 그리고 '영대'·'방촌'·'사월삼성'이라는 공간의 마음 상징이었다. 여기에서 '영대'는 도불 맥락에서 수행의 주요 기제가 되는 마음으로 해석되고 있음을 살필 수 있다.

4-4. 『황정경』의 관념적 심장 영대

'심(心)'은 심장 모양을 형상화한 문자이니, 마음은 심장과 떨어질 수 없는 개념이다. 그러므로 마음을 의미하는 영대도 심장과 연결될 것임을 추정할 수 있다. 이 사실을 보여주는 것이 한의학에서 말하는 영대혈(靈臺穴)이다.

허준(許浚, 1539-1615)의 『동의보감』에 의하면 영대혈은 제6등뼈[胸椎] 아래에 있다.[62] 이 혈의 이름이 영대혈

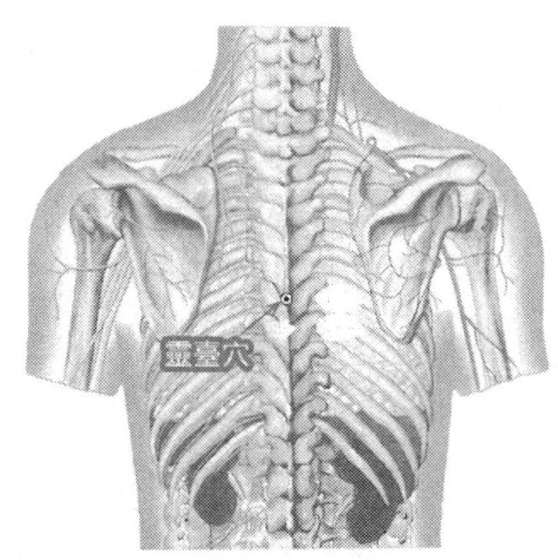

<그림 21> 영대혈(靈臺穴)의 위치[61]

인 이유는 등에 있는 이 혈에 뜸을 떠 몸 앞쪽에 있는 심장 질환을 치료

---

61 정통침뜸교육원 교재위원회, 『경락경혈학』(서울: 정통침뜸연구소, 2008), p.158.

62 靈臺一穴, 在第六顀節下間, 俛而取之, 可灸五壯, 禁不可鍼. 『東醫寶鑑』「鍼灸篇」, '督脈'.

하기 때문이다.[63] 그러니까 한의학에서 영대는 인체의 중요한 장기인 심장과 연동되는 개념임을 보여준다.

영대는 물질 심장과 관련되지만, 그 심장은 도교 내단 수행 특히 존사(存思)에서는 비물질적 성격도 지닌다. 이를 처음으로 설명한 도교 문헌이 『황정경(黃庭經)』이다. 『외경경(外景經)』과 『내경경(內景經)』[64]을 묶은 『황정경』은 4세기 중엽에 그 모습이 처음 보이지만, 그 성립은 위(魏) 또는 후한 시대까지 더 거슬러 올라가는 것으로 알려져 있다.[65] 이 경전은 수행자가 시각적 명상[存思]으로써 자기의 신체 각 장기에 거주하는 체내신(體內神: 인체 내 선천의 원기를 신격화한 것)을 발견하고 이들이 빠져나가지 않게 잘 섬기며, 이로써 정기신(精氣神)을 모아 황정(黃庭)[66]에 응집시키는 수련법을 설명한다. 이러한 『황정경』에서 영대는 다음과 같이 존사의 대상인 심장으로 설명된다.[67]

(C) 영대(靈臺: 심장)는 하늘에 통하고 중야(中野: 인체의 복부)에 임해 있다. 사방 한 치 되는 중간에서 관(關: 關元, 단전)의 아래에 이르

---

63 정통침뜸교육원 교재위원회, 앞의 책, p.159.

64 『외경경』은 『황정외경경(黃庭外景經)』, 『상청황정외경경(上清黃庭外景經)』, 『태상황정외경옥경(太上清黃庭外景玉經)』으로도 불린다. 『내경경』은 『황정내경경(黃庭內景經)』, 『상청황정내경경(上清黃庭內景經)』, 『태상황정내경옥경(太上黃庭內景玉經)』으로 불린다.

65 사가데 요시노부(편), 『도교백과』, 이봉호 외 옮김 (포천: 대순사상학술원, 2018), p.834; 정우진, 『몸의 신전: 황정경 역주』 (고양: 소나무, 2019), p.29.

66 황정(黃庭)의 위치가 어디인지는 확실하지 않다. 여기에는 황정이 인체의 중앙인 비장(脾臟)이라는 설, 기가 모이는 배꼽 아래 하단전(下丹田)이라는 설, 니환(泥丸: 정신활동을 일으키는 뇌, 양미간)이라는 설, 중단전(中丹田)이라는 설 등이 있다.

67 정우진, 앞의 책, pp.72-75, p175-179, pp.233-238.

면, 옥방(玉房: 단전)의 가운데 있는 신의 문호다.[68]

(D) (존사로 보았더니) 황정 안에 있는 인물[神]은 비단옷을 입고 있다. (그 옷에는) 자줏빛 화려한 치마에 구름 기운이 펼쳐있고 단청 푸른 나무와 비취색 신령한 가지가 있다. (얼굴의) 일곱 구멍(눈, 코, 귀, 입)을 옥으로 된 열쇠로 잠그고 두 문을 닫아, 무겁고 엄하게 빗장을 걸어 추기(樞機: 기가 쌓이는 곳)를 지킨다. 현묘한 샘인 유궐(幽闕: 腎臟)이 우뚝 높으며, 세 단전 가운데에는 정기가 미세하고, 교녀(嬌女: 耳의 神)가 잠잠하게 하늘의 빛을 가리고 있으나, 중당(重堂: 목구멍)이 환하여 팔위(八威: 인체 곳곳)를 밝힌다. 천정(天庭: 양미간)에서 지관(地關: 足)까지 도끼를 벌여 놓으니(기가 채워지므로 사악한 기가 침범하지 못하니), 영대(靈臺: 심장)는 반석처럼 단단하여 영원히 쇠하지 않는다.[69]

(E) 영대(靈臺: 심장)의 기운이 가득하고, 황야(黃野: 脾臟)를 바라보면 세 치 떨어진 곳에 두 개의 방(심장과 비장)이 위와 아래에 있으며, 울퉁불퉁한 험로를 거친[間關] 영위(營衛: 몸속 영양분)는 높이 솟은 신장(腎臟)으로 간다. 동방(洞房: 머리)과 자극(紫極: 양미간 안쪽)은 신령스러운 문호이니, 이 사실은 옛날 태상대도군(太上大道君)이 나에게 알려준 것이라. 좌신(左神) 공자(公子: 간의 신)는 신묘한 말을

---

68 靈臺通天臨中野. 方寸之中至關下, 玉房之中神門戶.『黃庭外景經』, 第五章.
69 黃庭內人服錦衣, 紫華飛裙雲氣羅, 丹青綠條翠靈柯, 七蕤玉籥閉兩扉, 重掩金關密樞機. 玄泉幽關高崔巍, 三田之中精氣微, 嬌女窈窕翳霄暉, 重堂煥煥揚八威, 天庭地關列斧斤, 靈臺盤固永不衰.『黃庭內景經』, 黃庭章第四.

내뱉고, 그 오른쪽에 백원(白元: 폐의 신)이 나란하게 서 있으며, 명당
(明堂: 뇌 속에 있는 아홉 개의 궁 가운데 하나) 금궤의 옥으로 된 방 사이
에 상청진인(上淸眞人)이 지금 내 앞에 있다. 황색 치마의 자단(子丹:
비장) 기운이 왕성하니, 가령 (그 기운이) 어찌하여 양 눈썹 끝자락
에 있는가 하고 물어볼지라. 안으로 일월(日月: 두 개의 눈)을 끼고 별
들이 줄지어 있으니, 칠요(七曜: 얼굴의 일곱 구멍)와 구원(九元: 인체의
아홉 구멍)은 뛰어난 생문(生門)이다.[70]

은유적 표현으로 가득하지만, 위 문구들은 인체 내부를 향한 시각
적 명상[存思]으로써 영대(심장) 등 여러 장기에 깃든 체내신의 존재를
하나씩 일일이 확인하며 정기신을 응집시키는 상황을 묘사한 것으로
이해할 수 있다. 구체적으로 보자면, (C)는 하늘의 기운이 심장과 통하
여 단전에 쌓이는 모습을 표현했다. (D)는 황정에 기가 가득하면 온몸
이 밝아지고 신장과 심장이 영원해지며 사악한 기가 침범하지 못하는
상황을 말한 것이고, (E)는 심장·신장·간장·폐장·비장·양미(兩
眉)에 기가 모이는 상황, 그리고 뇌와 머리의 일곱 구멍 및 인체의 아홉
구멍이 생기(生氣)를 품은 곳이자 외부와 교류하는 통로임을 설명한
것이다.

『황정경』은 존사의 대상이 되는 인체의 장기를 설명할 때 심장을
영대라고도 표현했다. 심장인 영대는 물질이다. 그러나 내단 수행에

---

70 靈臺鬱藹望黃野, 三寸異室有上下, 間關營衛高玄受, 洞房紫極靈門戶, 是昔
太上告我者. 左神公子發神語, 右有白元併立處, 明堂金匱玉房間, 上淸眞人
當吾前. 黃裳子丹氣頻煩, 借問何在兩眉端. 內俠日月列宿陳, 七曜九元冠生
門.『黃庭內景經』, 靈臺章第十七.

서 영대는 신체 곳곳에 혈액을 공급하는 장기(臟器)에서 그치지 않고, 체내신이 거주하며 기가 쌓이는 관념적인 장소로 이해되었다. 존사 대상인 심장은 물질을 전제하지만, 수행자가 그리는 관념 속에서 존재하는 비물질적인 것이기도 하다. 그러니까『황정경』은 심장 영대를 물질과 비물질 영역에서 교차하면서 실체적인 면보다는 관념적인 면을 더 부각하여 표현했다.

관념적 심장인 비물질 영대는 신선으로 화하기 위한 내단 수련의 길목에서 마주쳐야만 했었던 대상이었다. 내단 수련 전통에서『황정경』은 중국만이 아니라 한국에도 상당한 영향을 끼쳤다. 조선시대 내단 수련자들이『황정경』을 중시하는 것은 하나의 전통이었다. 유불선 삼교에 두루 통달하며 한국 고유의 단학(丹學) 전통을 정립한 조선 중기의 정북창(鄭北窓, 1506-1549)도 내단 수련 서적인『용호비결(龍虎秘決)』을 저술할 때 폐기(閉炁)와 주천화후(周天火候)의 요령을 논하면서『황정경』을 인용했을 정도다.[71] 따라서『황정경』에 등장하는 영대의 내용, 즉 영대는 신선이 되기 위해 금단을 이루는 수련의 맥락에서 체내신이 거주하고 정기신이 쌓이는 관념적 심장을 의미한다는 사실이 한국에도 잘 알려져 있었다.

---

71 첨석창,「정북창의 내단사상과 현대적 가치」,『북창 정렴 깊이 읽기』(서울: 책미래, 2021), pp.288-289.

5. 대순진리회의 영대

5-1. 물질로 귀환한 영대: 마음과 건축의 상호작용

앞선 장에서 살펴보았듯, 동아시아 지성사에서 영대는 점차 물리적 공간을 떠나 인간의 내면, 즉 마음[心]으로 수렴되는 과정을 겪었다. 『장자』 이후 학자들에게 영대는 닦아야 할 마음의 거울이었지, 쌓아 올려야 할 벽돌 건축물이 아니었다. 그러나 한국 최대의 민족종교 대순진리회는 이 흐름을 거스르듯 다시금 거대한 건축물로서의 영대를 하나의 신전(神殿)으로 세상에 드러냈다.

이 현상을 이해하기 위해 현대 종교학의 '물질종교(Material Religion)' 접근법을 빌려올 필요가 있다. 흔히 신앙이 마음에서 시작되어 물질로 표현된다고 생각하는 경향이 있지만, 실제로는 물질이 마음을 움직이는 경우가 더 많다. 웅장한 신전, 엄숙한 성상(聖像), 그리고 정교하게 배치된 제단은 그저 '침묵하는 배경', '수동적인 객체'가 아니다. 그것들은 수행자에게 경외감을 불러일으키며, 그 내면에 성스러움을 각인하게 하는 능동적인 '행위자(Agent)'다.

대순진리회의 영대 또한 마찬가지다. 도인들이 영대라는 구체적인 '물질'을 마주하고 예를 갖출 때, 비로소 그들의 '마음' 안에 신명(神明)이 감응할 자리가 마련된다. 이는 대순진리회의 핵심 교리 중 하나인 '신봉어인(神封於人: 신을 사람에게 봉안함)'의 원리와도 맞닿아 있다. 신명을 인간의 내면에 모시기 위해서는, 역설적으로 그 신명을 모신 외부의 성소(聖所)가 필수적인 매개체로 작동하는 것이다. 물론, 평상시의 마음 닦음이 기본이 되어야 한다는 것은 두말할 나위가 없다.

대순진리회의 영대는 마음의 영대(4장)를 부정한 것이 아니다. 물질이라는 형식을 통해 그 마음을 더욱 강력하게 구현해 낸 변증법적 통합이다. 이제 우리는 그 구체적인 '물질의 현장'인 대순진리회 영대의 구조와 역사 속으로 들어가 보려 한다.

5-2. 대순진리회 최고의 성역(聖域), 신전 영대

▌영대의 건립 역사

대순진리회는 '상제님'을 비롯한 여러 신들을 하나의 신전에 같이 봉안하여 모시고 있다. 그 신전의 이름이 영대(靈臺)다.

대순진리회의 신앙 대상인 강증산(姜甑山, 1871-1909)께서 활동하시던 시대에는 영대 건축물이 없었다. 영대를 만든 분은 증산으로부터 종통 계승의 계시를 받았다고 전해지는 도주 조정산(趙鼎山, 1895-1958)이었다. 도주께서는 1924년 3월부터 1926년 4월 사이에 전북 정읍시 태인면 태흥리에 도장을 건립했는데, 그 기간인 1925년에 영대를 처음 세우셨다.

한국에 영대 건물이 처음 등장했을 때는 일제의 통치를 겪던 시기였고, 대순진리회(당시 이름은 무극도였음)는 감시와 억압에 시달리고 있었다. 결국 1941년 무렵 무극도는 강제 해산당하고, 도장 건물은 압수되어 1943년의 경매 처분으로 뜯기게 된다. 이로써 대순진리회 최초의 영대 건물은 건립된 지 불과 18년 만에 파괴되었다.

해방이 되자 도주께서는 1948년 9월에 부산 보수동에 도의 본부를 세우면서, 두 번째로 영대를 지으셨다. 그러나 보수동 도장[寶水道庭]과 인근 지역은 협소하여 전국 각지에서 몰려온 수도인들을 감당할 수 없었으므로, 1956년에 보수도정에서 남서 방향으로 약 2km 떨어진 감천(甘川)으로 이전하여 도인들 거주 마을과 도장을 새로 건립하고 1957년에 세 번째로 영대를 세우셨다.

도주으로부터 유명(遺命)으로 종통을 계승한 도전 박우당(朴牛堂, 1917-1996)께서는 1969년 서울 중곡동에 도장 본부를 지으면서 영대를 다시 세우셨다.[72] 그리고 경기도 여주(1986년), 제주도 노형동(1989년), 경기도 포천(1992년), 강원도 고성(1995년)에 도장과 영대를 잇달아 더 건립하셨다. 그렇게 해서 현재 대순진리회는 전국 5곳에 도장과 영대를 운용하고 있다.

▎ 최초의 영대, 그리고 도솔궁

현재 대순진리회 영대 안에는 '상제님'을 비롯하여 총 15개의 신위가 봉안되어 있다. 그러나 1925년 영대가 처음 만들어질 때부터 15 신위가 다 모셔졌던 것은 아니다.

대순진리회 최초의 영대는 '상제님(구천응원뇌성보화천존상제)'만 봉안된 건물이었다. 당시의 영대는 돌계단 위에 지어졌으며, 외부에서는

---

72 도전께서는 1968년 서울에 올라온 후 부암동의 한 수도인 집에서 '상제님'의 진영을 모시고 치성을 한 차례 올린 적이 있다. 그렇다면 그 집은 임시 영대 역할을 했다고 생각될 수 있다. 물론 그 집은 정식 도장이 아니었고 도전께서 짧은 시간 잠시 기거하셨다는 점, 특히 그곳이 '상제님' 등 신명을 모시기에는 적당하지 않다고 여겼다는 점에서 정식 영대로 인정하기에는 한계가 있다. 종단역사연구팀, 「서울 부암동」, 『대순회보』 194 (2017), pp.30-41 참고.

1층 정면 5칸·측면 3칸, 2층 정면 3칸·측면 1칸이었고, 실내로 들어가면 3층으로 보였다고 한다. 당시의 1칸은 6자로 계산했다. 즉, 6×30.3cm = 181.8cm였다. 따라서 영대 1층의 크기는 정면 909cm, 측면 545.4cm였다.

영대 옆에는 도솔궁(兜率宮)이 있었다. 이 건물은 외부에서 보면 1층이 정면 3칸·측면

<그림 22> 전북 태인에 세워진 최초의 영대를 복원한 모습. ChatGPT 5.2 버전 이용

3칸, 2층은 정면 2칸·측면 2칸, 3층은 정면 1칸이었다. 내부에 들어가면 총 4층이었는데, 1층에는 도주께서 사용하시는 방이 있었고, 2층은 봉령전(奉靈殿)으로 여러 천지신명이 봉안되어 있었다. 3층은 칠성전(七星殿)으로 칠성을 모셨다. 4층은 도솔궁으로서 삼십삼천(三十三天)을 봉안했다. 무극도 당시의 제문 '삼십삼천 도솔천 옥황상제 성령지하(三十三天兜率天玉皇上帝聖靈之下)'에 의하면, 삼십삼천은 도솔천[73]이

---

[73] 도솔천은 원래 불교에서 나온 개념이다. 불교 도솔천은 미륵보살이 머무는 천상의 좋은 곳으로서 미륵상생신앙에 의해 인간 사후 가고 싶은 장소로 희구된다. 그러나 실상은 육계 6천 중 네 번째 하늘에 불과하여 최고의 하늘도 아니고 인간 욕망을 완전히 극복한 곳도 아니다. 하지만 도교에서는 도솔천 개념을 변용하여 옥황상제와 태상노군이 거주하는 최상위의 하늘로 규정한다. 그러므로 33천(도솔천)은 불교적 개념이 아니라 도교적 개념으로 보아야 한다. 박상규, 「대순 신앙의 천계(天界) 관념: 무극도를 중심으로」, 『종교연구』 82-2 (2022), p.194.

<그림 23> 1925년 정읍 무극도장에 건설된 최초의 영대.[74] 영대 옆에 도솔궁이 있었다.

고 그 하늘을 통솔하는 분은 옥황상제다.[75] 그러니까 최초의 영대에는 '상제님'이 모셔져 있었고, 바로 그 옆에 옥황상제가 주재하는 33천 도솔천과 칠성대제 등의 천지신명들이 모셔져 있었다.

영대와 도솔궁, 두 개의 건물이 나란한 모습은 구천과 33천(도솔천)의 나란한 배치를 나타낸다. 이것은 천(天)이 두 개라는 뜻이다. 즉, 하늘이 33천(도솔천)의 '천(天)'과 구천의 '천외천(天外天)'으로 이원화되어 있다는 의미다. 영대-도솔궁의 이원화 구조는 '상제님'께서 계외(界外)의 천외천(天外天)에 계시면서 도솔궁에 봉안된 33천(도솔천)의 옥황상제를 통해 명령을 내리신다는 해석을 가능하게 한다.[76]

영대('상제님' 봉안)와 도솔궁(옥황상제 이하 천지신명들 봉안)이 따로 세워졌던 구조는 '상제님'과 다른 신명들이 하나의 자리에 모이지 않았던 상황임을 보여준다. 그런데 지금은 도솔궁이 사라지고, 도솔궁에 봉안되어 있던 신들이 영대 안에 모셔져 '상제님'을 중심으로 집결해 있

---

74 장봉선, 『정읍군지』(전북: 이로재, 1936), p.12.
75 박상규, 앞의 글, p.189.
76 같은 글, pp.190-193.

다. 도주께서는 영대와 도솔궁을 하나로 합치는 일, 천과 천외천을 합치는 일, '상제님'을 중심으로 모든 신들이 한곳에 집결하도록 만드는 일을 하셨다고 믿어진다. 정확하게는 알 수 없으나, 도주의 이 종교적 역사(役事)는 대략 1957년 무렵에는 완성된 것으로 보인다.

▌ 대순진리회의 신전, 영대의 현재 모습

대순진리회 여주본부도장에는 영대가 있다. 그런데 그 주변 조경은 문왕이 두 번째 세운 영대와 유사하다. 3-2절에서 설명한 대로 문왕은 영대 인근에 여러 동물이 노니는 영유(靈囿)와 인공 연못인 영소(靈沼)를 만들었다. 대순진리회의 여주본부도장 영대 앞에도 연못과 동산이 조경되어 있다. 또 약간 특이하게 생긴[길조(吉鳥)를 연상시키는] 새, 즉 암컷과 수컷 한 쌍의 공작새들도 두 곳에서 각각 길러지고 있다.

영대 안에는 15위의 신들이 봉안되어 있다. 이 15 신위는 '상제님'을 중심으로 옥황상제를 비롯한 산천과 바다 등을 관리하는 신들로 구성되어 있다. '한곳에 모인' 이런 모습은 중국과 한국의 종교들에서 찾아보기 힘들다. 예를 들면, 불교 사찰에는 석가를 모신 대웅전을 비롯하여, 대적광전, 극락전, 미륵전, 원통전, 약사전, 나한전, 명부전, 삼성각 등에서 신들은 각기 독립된 공간에 따로따로 모셔지고 있다. 중국 도교 도관도 문창전, 성황전, 원진전, 재신전, 삼관전, 영관전 등을 독립된 공간들로 조성함으로써, 신들은 분리된 채 각기 따로 봉안되어 있다. 그러므로 불교 사찰이나 도교 도관을 찾는 방문객들은 자신의 발원 내용에 따라 그것을 주관하는 신이 모셔진 건물을 찾아가

<그림 24> 대순진리회 여주본부도장의 영대

야 한다.[77] 대순진리회의 도장 건축물 중에서는 특정 신이 최고신의
주재를 받지 않은 채 별도로 떨어져 봉안된 건물이 없다. 대순진리회
에서는 최고신을 중심으로 신들이 영대라고 하는 단 하나의 신전에
모여 봉안되어 있다. <그림 25>에서 보듯이, 이 신들은 명부, 오악, 사
해, 사계절, 칠성 등 세계 각 영역의 질서를 맡는 분들이다. 그러니까
신전 영대에는 만물 운행의 질서라는 특징이 엿보인다.

77 차선근, 「대순진리회 상제관 연구 서설 (Ⅱ): 15신위와 양위상제를 중심으로」,
    『대순사상논총』 23 (2014), pp.248-249.

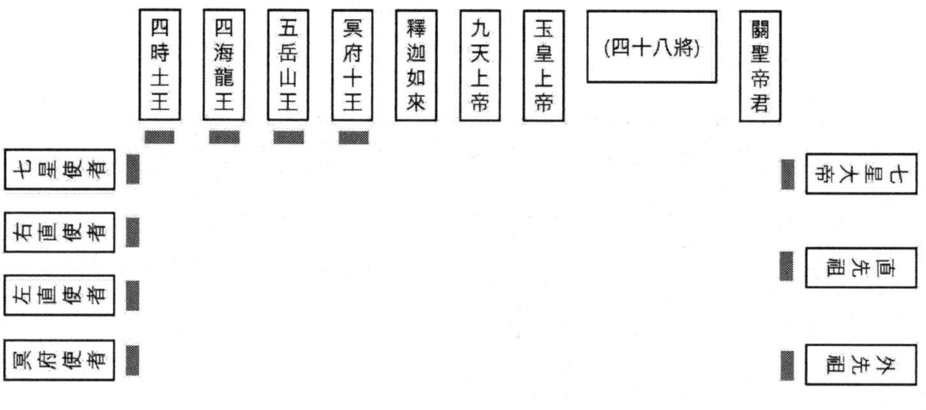

<그림 25> 대순진리회 여주본부도장 영대에 모셔진 신위들[78]

5-3. 신전 이름은 누가 지었나?

증산께서는 신들을 모실 신전의 이름을 미리 지어두셨다고 생각된다. 그것은 증산께서 남긴 '운(運) 영대사해박(靈臺四海泊) 득체(得體) 득화(得化) 득명(得明)'[79]이라는 글귀에 '영대'라는 말이 등장하기 때문이다. 다음은 『대순회보』 11호에 실린 「교리 해설」의 기사다.

상제님과 도주님을 모셔 놓고 천지신명을 모신 자리를 영대라고 한다. 서울 중앙본부에도 영대가 있으며, 여주 수도장에도 영대가 있다. 여주 수도장 본전에도 상제님과 도주님을 모셨으며, 수강전에도 상제님과 도주님을 모셨다. 우리가 명칭을 부를 때는 '서울

---

78 같은 글, p.244.
79 대순진리회 교무부, 『전경』 13판 (여주: 대순진리회 출판부, 2010), 공사 3장 41절.

본부도장[80] 영대', '여주 수도장 본전 영대', '여주 수도장 수강전
영대'라고 한다.

"… 運 靈臺四海泊 得體 得化 得明"

이상의 『전경』 구절에서도 영대란 천지의 모든 신명이 모여 머
무시는 자리임을 알 수 있다.[81]

이 「교리 해설」은 '교무부 연구실'에서 작성한 것으로 되어 있다.
이 해설을 기사로 실은 이유는 "지난 12월 3일(음력 10월 25일) 여주 수도
장 수강전(受降殿)이 완공을 보아 봉안치성(奉安致誠)을 모셨다. 진영 봉
안에 대하여 많은 도인들이 혼돈을 하고 있는 것 같아 몇 가지를 알리
고자 한다."[82]라고 한다. 그러니까 이 「교리 해설」은 어느 한 개인의
주관적인 해석을 적은 게 아니라, 대순진리회의 공식 입장이라고 해
야 한다. 여기에서 '영대사해박'의 '영대'는 '상제님'을 비롯한 신들
을 봉안한 신전으로 해설되고 있다. 그렇다면 대순진리회의 신전인
'영대'라는 명칭은 증산께서 정하신 것으로 판단된다.

▌ '영대사해박'의 해설

증산께서 남긴 글귀를 조금 더 자세히 들여다보자. 원문은 '運 靈臺
四海泊 得體 得化 得明'이다. 끊어 읽으면서 직역을 해보면, '운(運). 영

---

80 이 기사가 작성된 1989년 당시에는 본부도장이 서울 중곡도장이었고, 여주
의 도장은 여주 수도장으로 불렸다. 1993년부터 본부가 여주 수도장으로 이
전되었고, 여주 수도장은 여주 본부도장으로 그 명칭이 변경되었다.

81 대순진리회 교무부, 『대순회보』 11 (1989), p.2.

82 같은 글, p.2.

대(靈臺), 사해(四海), 박(泊). 체를 얻음[得體]. 화를 얻음[得化]. 명을 얻음
[得明]'이다. 여기에 살을 조금 더 붙여서 해석해야 이해가 가능할 것
같다.

우선, '運'이 '靈臺四海泊'과 한 칸 띄어쓰기가 되어 있다는 사실에
유의하자. 이것은 '運'이 독립적인 주제어, 명령 혹은 상황을 제시하
는 대전제가 됨을 의미한다. 그러므로 '運'은 '운용하니, 운용하라'로
해석할 수 있다.

다음으로 '영대'는 만물의 운행 질서를 담은 신전으로 해석된다.
'사해(四海)'는 춘추전국시대부터 세계를 의미하는 말로 쓰이기 시작
했던 용어다.[83] '박(泊)'은 원래 배가 닻을 내려 자리를 고정한다[碇泊]
는 말이며, 그 의미는 움직임이 멈추어 자리를 잡아 안정되니 상태가
평정되고 고요해진다는 것이다.

이상을 종합하면, '運 靈臺四海泊 得體 得化 得明'은 '운용하노니,
영대에서 사해가 평정되어 머물고, (그로써) 체를 얻고 화함을 얻으며
밝음을 얻는다'라는 뜻이 된다. '영대에서 사해가 머문다'라는 말은,
세계[四海]의 질서가 신들을 모신 신전-영대에 자리를 잡는다는 뜻이
다. 그러므로 풀어서 적어 보면, '(세상의 각 영역과 질서를 맡는 신들
을 영대에 모셔) 운용하니, 천하[四海]의 운행 질서가 영대에 자리를 잡
아 고요히 안정되고, 그 결과 천하는 마땅한 법도와 틀[體]을 갖추게 되
며, 조화[化]의 작용이 이루어지고, 밝은 질서[明]가 드러난다'라는 뜻
으로 정리할 수 있다.

---

83 김한규, 『고대 중국적 세계질서연구』 (서울: 일조각, 1982), p.53.

▌'영대사해박'의 '영대'를 마음으로 읽어본다면?

영대는 비물질인 '마음'이라는 뜻도 지닌다. 그러면 '영대사해박'의 영대를 마음으로 독해할 수는 없을까?

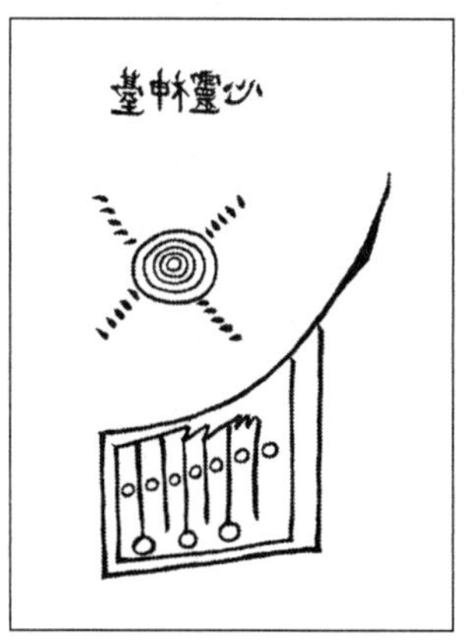

<그림 26> 『현무경』 18면

사실, 증산께서는 영대를 비물질 마음으로 표현하셨을 수도 있다. 증산께서 직접 전한『현무경(玄武經)』의 18면을 보자. 여기에는 의미를 알 수 없는 도형과 함께, 반서체(反書體)로 '심령신대(心靈神臺)'라는 문구가 있다.[84] 이 문구를 두 가지 관점에서 해석해 본다.

첫째는 '심령신대(心靈神臺)'의 '심령(心靈)'이 인간의 마음[心]-정신[靈]을,[85] '신대(神臺)'가 신전(神殿)을 각각 뜻하는 것으로 보는 경우다. 이때는 인간의 마음-정신-신전(물질 영대)을 나란하게 배열하였으므로, 마음-정신-물질 영대는 같은 층위에서 구성될 수 있다.

둘째는 '심령신대(心靈神臺)'가 좌우 대칭의 반서체라는 사실에서 특별한 방식의 읽기가 필요하다고 보고, 심령신대를 심신(心神)과 영대로 분리해서 해석하는 관점이다. 이때도 인간의 마음－신명－영대는 나란하게 배열된 덕분에 같은 층위에서 작동하는 개념으로 이해할 수 있다.

이 두 가지 해석이 받아들여질 수 있다면, '심령신대'라는 문구는

---

84 장병길, 『대순종교사상』 (서울: 대순진리회 출판부, 1989), p.17.
85 차선근, 「대순진리회 마음관 연구 서설」, 『신종교연구』 36 (2017), p.131.

인간의 심령(마음과 정신: 비물질 영대) - 신명 - 신명이 거주하는 신전(물질 영대)이 하나의 체계를 구성하고 있음을 의미한다고 볼 수 있다.

어쨌든, '영대사해박'의 영대를 마음이라고 생각하고 한번 풀어보자. 이 경우에는 '運 靈臺四海泊 得體 得化 得明'를 직역하면 '운(運)함에, 마음[영대]이 사해를 머무르게 하니, 체를 얻고 화를 얻고 명을 얻는다'라는 게 된다. 여기에서 '운(運)함에'라는 말은 마음을 주체적으로 운용함을 의미한다. '마음이 사해에 머문다'라는 표현은 온 세상이 마음에 들어온다, 온 세상을 마음에 담아둔다는 뜻이다. 이렇게 되면 뒤따르는 득체(得體)·득화(得化)·득명(得明)의 주체는 자연스럽게 나 자신으로 귀결된다. 이를 종합하여 문장의 의미를 재구성하면 다음과 같다: '(내가 나의 마음을 주체적으로 돌려 운행하노니) 나의 마음 안에는 온 세상이 품어져 머물게 되고, 이로써 나의 본체(本體)가 확립되며, 만물을 살리는 생명력과 완전한 지혜를 얻는다'. 이 해석도 과히 틀리지는 않아 보인다.

물론, 「교리 해설」은 '영대사해박'의 영대를 '상제님과 도주님, 천지신명을 모신 자리'라고 명시하고 있다. 이 점을 고려하면 영대사해박의 영대는 신들을 봉안한 신전의 공식 이름으로 이해하는 것이 옳다. 그런데 영대를 '마음'으로 풀었을 때 '영대사해박'의 해석도 나름의 의미를 지닌다. 그러면 '영대사해박'의 영대는 신전이지만 그 의미는 수행자의 내면으로 확장될 여지도 지니는 셈이다.

여기서 얻을 수 있는 결론은 '영대'라는 표상이 갖는 이중의 작동 방식이다. 물질 영대[신전]는 '천지신명이 모여 머무는 자리'라는 외재적·공간적 표상이고, 비물질 영대[마음]는 '마음을 운용하여 세계를 품고 주체를 확립한다'라는 내재적·수행적 표상이다. 그러니까 물질 영대는 세계의 운행 질서가 신전에 모셔진 신들에 있음을 말하고, 비 물질 영대는 세계를 품고 주체를 세워 생명력과 지혜를 얻음이 신이 아니라 나의 마음에 있음을 말한다. 그러면, 세계를 포섭하고 이끌어 가는 주인은 신전에 봉안된 신들인가? 아니면 마음을 쓰는 나 자신인 가? 전자는 물질 영대 신전이라 하고, 후자는 비물질 영대 마음이라 한다. 이렇게 두 층위는 부딪힌다. 그러나 대순진리회에서 이 둘은 대 립하지 않고 조화롭게 결합한다. 그것을 가능하게 하는 연결 고리가 바로 '봉신(封神)'이다.

5-4. 대순진리회 신전 이름이 '영대'가 된 이유: 봉신(封神)

'봉신(封神)'은 '신을 봉한다', '신을 모셔 와서 깃들게 한다'라는 뜻이다. 대순진리회 신전의 이름이 '영대'로 정해진 까닭이 여기에 있다.

> 지금까지는 만상의 모든 이치, 기운인 신이 하늘·땅에 있었지 만, 앞으로는 사람에게 있다. 복희 때는 신봉어천(神封於天), 문왕 때는 신봉어지(神封於地), 지금은 신봉어인(神封於人)이 된다. 시· 분·초까지 모든 자리를 사람이 맡고 사람에게 신이 봉해지는 것 이다. [1988년 10월 26일 훈시]

> 복희씨는 신명을 천상의 옥경대, 하늘에 봉했고, 문왕은 영대를

뒤서 천지신명을 모셨다가 땅에다 봉했고, 이번에는 천지신명을 모신 데가 우리 도장이고 사람에게 봉한다. [1992년 2월 15일 훈시]

복희 선천에는 하늘에다 봉신(封神)을 하였고, 문왕 때에는 모든 운수가 땅에 있어서 땅에 봉신을 하였다. 방위를 보고 날짜를 보는 것은 신을 땅에다 봉했기[神封於地] 때문이다. 살아서는 집터를 보고, 죽어서는 묘 터를 보고 방위를 본다. 나도 방위나 시간, 위치를 세밀하게 본다. 흥하고 망하는 것이 다 땅에 달려 있다. 앞으로는 정역시대다. 정역시대에는 모든 운수가 사람에게 있어서 사람에게 봉신을 한다. 앞으로는 신봉어인(神封於人)한다. [1993년 윤3월 6일 훈시]

위 인용문들은 도전의 훈시 가운데 일부다. 이에 의하면, 천존(天尊)이란 신이 하늘 영역에 봉해지는 신봉어천(神封於天)으로써 삼라만상을 다스리는 신의 권위와 모든 이치·기운이 하늘에 있게 되어 하늘이 존귀해진다는 뜻이다. 신봉어천을 집행한 인물은 약 4,800년 전의 복희씨(伏羲氏)였다고 한다.

지존(地尊)이란 신이 땅 영역에 봉해지는 신봉어지(神封於地)로써 그 권위·이치·기운이 땅에 있게 되어 땅이 존귀해진다는 뜻이다. 문왕의 영대는 천지의 신명을 모신 곳이었으며, 그 영대는 곧 신봉어지로 이어졌다.

인존(人尊)이란 신이 인간에게 봉해지는 신봉어인(神封於人)으로써 그 권위·이치·기운을 인간이 가져 인간이 존귀해지게 된다는 뜻이다. 앞으로는 정역시대이고, 모든 운수가 사람에게 있어서 사람에게 봉신을 하게 된다. 그런데 그 시대는 아직 완전히 오지 않았으므로(오는 중이므로) 인간에게 봉해질 신들은 땅에 머물러 대기해야 한다고 본다. 증산께서 천지공사로써 그 신들을 지상의 한 장소에 모이도록 설계했다고 믿어진다. 그것이 바로 '영대사해박'의 신전 '영대'였다. 그 설계에 따라 실제로 신들을 신전-영대에 모신 분은 증산으로부터 계시를 받은 도주-정산이셨다. 그렇게 지상의 영대 건축물에 모인 천지 신명들은 후에 인간에게 옮겨가게 된다.

이러한 역사의 흐름을 통시적으로 고찰해 보면 천존(天尊)과 지존(地尊), 그리고 인존(人尊)의 위상이 시대의 운수에 따라 어떻게 변화해 왔는지 명확해진다. 복희의 시대가 하늘이 주인이 되는 천존의 시대였고, 문왕의 시대가 땅이 중심이 되는 지존의 시대였다면, 지금 도래하고 있는 시대는 바로 사람이 주체가 되는 인존의 시대다. 이에 대해 증산께서는 다음과 같이 단언하셨다.

> "천존과 지존보다 인존이 크니 이제는 인존시대라. 마음을 부지런히 하라."[86]

이 발언은 단순히 시대가 바뀌었다는 사실만을 통보한 게 아니다. 천존과 지존이 그 자체로 존귀하지만, 그 뜻과 이치가 궁극적으로 실현되는 장(場)이 바로 인간임을 천명한 것이다. 하늘이 낳고 땅이 길러

---

86 『전경』, 교법 2장 56절.

낸 만물 중 최령(最靈)한 존재인 인간이, 이제는 신명과 상합(相合)하여 조화(造化)를 부리는 주체로 서게 됨을 의미한다.

결국 대순진리회 세계에서 신전의 이름이 '영대'가 된 이유는 거대한 우주적 전환과 맞닿아 있는 것으로 설명된다. 문왕이 영대를 지어 신명을 땅에 봉(封)함으로써 지존시대를 열었듯, 증산['상제님']과 도주께서는 영대를 세워 천지신명을 인간계로 불러 모음으로써 인존시대를 여는 기틀을 마련하신 것으로 믿어진다는 뜻이다. 즉, 대순진리회 세계에서 영대는 신명들이 하늘과 땅의 영역에서 인간의 영역으로 넘어오는 과정에서 머무르는 거룩한 정거장이자, 신봉어인(神封於人)을 위한 예비 공간이라 할 수 있다. 신명은 이곳 영대에서 인간의 완성을 기다리고 있으며, 인간이 마음을 닦아 그릇을 갖추었을 때 비로소 그 인간-영대로 옮겨가 좌정하게 된다. 따라서 대순진리회 세계관에서 신전 '영대'는 장차 도래할 '살아있는 영대'인 인간을 위해 신명을 모셔둔 약속의 징표로 설정되어 있다고 할 수 있다.

5-5. 마음 닦음의 수행과 신봉어인(神封於人)

지존시대에서 인존시대로 넘어오면, 신명은 인간에게 봉해진다. 그런데 증산께서는 "마음을 부지런히 하라"고 당부하셨다. 이 말씀은 인간의 마음과 신명이 수행의 차원에서 연결된다는 뜻이다. 이에 대해 증산께서는 구체적인 글귀를 남기셨다. 그 내용은 신명이 인간에게 봉해지기 위해 들어오는 문이 바로 인간의 마음이라는 것이다.

心也者鬼神之樞機也門戶也道路也

開閉樞機出入門戶往來道路神

或有善或有惡

善者師之惡者改之

吾心之樞機門戶道路大於天地[87]

마음이란 것은

귀신의 추기(樞機: 지도리)요, 문호요, 도로이다.

추기를 개폐하여 문호를 출입하며 도로를 왕래하는 신은

선한 경우도 있고 악한 경우도 있으니

선한 것은 본받고 악한 것은 고쳐야 한다.

내 마음의 추기와 문호와 도로는 천지보다도 더 크다.

이에 의하면, 귀신은 인간의 마음을 통해 드나든다. 귀신은 외재적 신명이다. 그러니까 내 안에 숨겨진 신성(神性)이 드러나고 밝아진다는 게 아니라, 인간과 신의 상호 결합을 의미하는 것이다.

신명은 인간의 마음으로 들어와 인간과 하나가 된다. 대순진리회는 이것을 신인조화(神人調化) 개념으로 설명한다. 즉, "사람마다 그 닦은 바와 기국에 따라 그 사람의 임무를 감당할 신명의 호위를 받느니라"[88]고 하였던 증산의 가르침에 따라서, 수도인은 각기 마음을 닦고 수행한 정도에 따라 그에 맞는 신이 마음을 통해 응하여 그 수도인을 지키고 임무를 돕는다고 본다. 이것이 인간에게 신이 봉해지는 신봉

---

87 『전경』, 행록 3장 44절.
88 『전경』, 교법 2장 17절.

어인으로서 인존의 실현이며, 대순진리회가 추구하는 종교적 목표인 도통(道通)이라고 한다.[89]

대순진리회는 신전의 물질 영대는 신봉어지로써, 수행의 대상인 마음의 비물질 영대는 신봉어인으로써 해명한다. 대순진리회 세계에서 봉신(封神)은 영대가 물질이 되거나 비물질이 되는 기준으로 작용한다. 이렇게 문왕의 물질 영대와 수행의 대상인 비물질 영대는 대순진리회에서 신봉이라는 개념으로써 엮이고 있다. 그리고 신전인 물질 영대와 마음인 비물질 영대는 마음 닦음의 '수행'으로 연결된다. 수행으로 만들어지는 마음의 크기나 성질에 따라 신전 영대에 모셔진 신들이 자기에게 어울리는 마음 영대로 옮겨간다고 보기 때문이다.

5-6. 봉신(封神)의 주역: 강태공이냐? 문왕이냐?

여기에서 잠시, 문왕이 두 번째 영대를 세운 이야기(3-2절)로 되돌아가 보자. 96세의 나이에 풍경을 새 도읍으로 삼고 영대까지 세운 문왕은 그다음 해인 97세의 나이로 세상을 떠났다. 그 뒤를 이어 즉위한 이가 문왕의 아들 무왕(武王)이었다. 그는 즉위 4년 만에 강태공을 앞세워 은나라로 진격하고 목야(牧野) 전투에서 승리를 거두었다. 이로써 은나라는 멸망하고 주나라의 시대가 열리게 된다.

---

89 차선근, 『현대종교학과 대순사상: 비교연구 방법과 적용』 (서울: 박문사, 2023), pp.257-260.

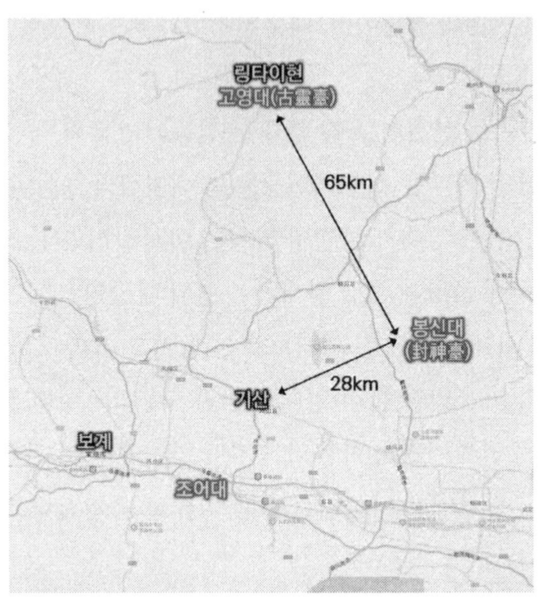

<그림 27> 예하산 봉신대 유적의 위치. 문왕의 본향인 기산의 옆쪽이자, 최초로 지어진 링타이현의 영대 아래쪽에 있다. 주소는 '陝西野河山生态旅游景区'. (지도: 바이두)

▌ 강태공의 봉신?

후대 전승과 소설적 재구성에 따르면, 전쟁이 마무리된 뒤 강태공(姜太公)이 '봉신(封神)'을 수행한 것으로 서사화된다. 이 전승은 명·청 시기 형성된 신마소설(神魔小說)『봉신연의(封神演義)』에 담겨 널리 유통되었다. 이 소설은 '무왕벌주평화(武王伐紂平話)'라는 민간 설화를 각색한 것으로, 역사를 풀어서 쓴 '연의(演義)' 형식을 갖고 있다. 그 줄거리를 정리하면, 강태공이 스승 원시천존(元始天尊)의 명을 받아 '봉신대(封神臺)'를 설치하고, 전쟁 과정에서 사망한 인물들을 중심으로 '365위(位)의 정신(正神)'을 정해 각종 신직(神職)에 배치했다는 것이다.

현재 중국 산시성(陝西省) 바오지시(宝鸡市) 푸펑현(扶风县) 일대 예하산(野河山)에는 '봉신대 유적(封神台遺址)'이 조성되어 있다. 지리적으로 이곳은 문왕이 최초의 영대를 세운 링타이현에서 동남쪽으로 65km, 주나라의 발상지인 기산

<그림 28> 산시성 바오지시 푸펑현 예하산 관광지 내 '봉신대(封神臺)' 표지 (사진: 바이두)

에서 동북쪽으로 28km 떨어진 곳으로, 주나라 초기 역사의 숨결이 배어 있는 고장이다. 울창한 산지 경관 속에서 봉신대로 안내되는 지점까지는, 808개라고 하는 계단을 통해 접근할 수 있다. 아마도 이것은 중국에서 길운과 번영을 상징하는 숫자 '8'을 중시하는 문화를 반영한 설계로 보인다. 계단을 오르는 구간 양옆에는 『봉신연의』에 등장하는 신선과 장수 인물 조각상들이 다수 배치되어, 방문객에게 신화적 세계관을 시각적으로 환기하는 연출을 제공한다.

현재의 유적은 관광지다. 그럼에도 이 장소가 다양한 전승과 서사를 결집하는 '기억의 거점'으로 기능한다는 점은 주목할 만하다. 전설에 따르면 강태공은 이곳에 대를 세우고 전란에서 죽은 자들을 신위(神位)로 배치함으로써 천지인(天地人)의 질서를 정돈했다는 이야기가 전한다. 또한 일대에 사찰 유적들이 다수 분포한다는 사실은 이 공간이 장기간에 걸쳐 '성지화(sacralization)'되어 온 과정ー즉 종교적 의미가 누적·재구성되는 양상ー을 시사한다. 따라서 예하산 봉신대는 역

사적 사실의 직접 증거라기보다 소설과 전승, 관광 경관이 중첩되며 형성된 장소적 기억의 층위가 가시화된 사례로 이해하는 편이 옳다.

▌문왕의 봉신!

전설과 소설 『봉신연의』는 강태공이 봉신대를 짓고 신을 봉했다고 말한다. 강태공이 봉신을 할 때 문왕은 이미 세상을 뜬 후였다. 문왕은 강태공의 봉신 장면에 등장하지 않는다. 이렇게 『봉신연의』는 신들을 봉한 장본인과 장소가 문왕·영대가 아니라 강태공·봉신대라고 한다.

하지만 대순진리회의 설명은 이와 조금 다르다. 도전의 훈시에 따르면, 문왕이 영대를 두어 천지신명을 모셨다가 땅에다 신을 봉했다. 그렇다면 대순진리회가 설정한 세계에서 봉신의 주체는 강태공이 아닌 문왕이다.

강태공은 문왕의 스승[太師]이자 군사(軍師)로서 밀수 정벌에 조력하고 도읍을 옮기는 등 대업의 기초를 닦았다. 그리고 문왕 사후 무왕으로 하여금 은나라를 꺾고 주나라가 중원의 주인이 되게 만들었다. 문왕과 무왕의 업적에 핵심 역할을 했던 강태공이 천명을 얻기 위한 문왕의 영대 건설과 봉신이라는 중대한 일에 관여하지 않았다는 것은 상상할 수 없다.

'문왕은 영대를 둬서 천지신명을 모셨다가 땅에다 봉했다'라고 하신 도전의 훈시, 그리고 문왕이 득천명(得天命)을 위해 92세에 링타이현 형산 아래 첫 번째 영대를 지었던 사실, 왕업의 기틀을 놓기 위해 96세에 풍경 남쪽에 두 번째 영대를 세운 사실, 97세에 세상을 떠난 사실을 모두 종합하면, 대순진리회가 설정한 세계관에서는 문왕이 92세에서 97세 사이에 영대를 두고 천지신명을 모신 뒤 땅에다 봉했다고 말할 수 있다. 범위를 더 좁힌다면, 92세에 세운 영대보다 96세에 세운 영대가 더 규모가 있고 체계적이므로, 문왕이 땅에 신을 봉함[神封於地]으로써 지존(地尊) 시대를 연 때는 96세부터 97세 사이로 추정된다. 문왕의 몰(歿) 연도는 서기전 1056년이라고도 하고,[90] 서기전 1050년이라고도 하는데,[91] 둘 다 확실한 건 아니다.

6. 소결: 거룩한 정거장, 그리고 약속된 미래

제1부에서 우리는 '영대(靈臺)'라는 공간이 삼천 년의 시간을 가로지르며 어떻게 변주되었는지 추적하였다. 이 긴 여정을 시간의 흐름에 따라 재구성해 보면, 영대는 고대 제왕의 물질적 제단에서 시작하여 수행자들의 관념적 심성(心性)으로 내면화되었고, 마침내 대순진리회에 이르러 물질과 비물질, 신전과 마음이 통합되는 변증법적 완성을 향해 나아가고 있음을 확인할 수 있었다.

그 역사의 서막은 주나라 문왕에 의해 열렸다. 문왕은 견융을 정벌한 후, 위수(渭水)가 흐르는 조어대에서 강태공을 등용함으로써 대업 성취의 원대한 계획을 세웠다. 그리고 강태공과 더불어 밀수를 정벌하며 천하의 패권을 향한 첫발을 내디뎠다. 그 직후 문왕은 밀수 지역

---

90 "姬昌" https://baike.baidu.com
91 殷时学·陶涛 主编, 앞의 책, pp.22-23.

의 링타이현 형산 아래에 흙으로 영대를 쌓아 상제를 모시는 제단을 만들고, 천하를 다스릴 자격을 천명으로 얻기 위해[得天命] 치성을 올렸다. 이어 시안 지역으로 근거지를 옮기면서 새로운 도읍 풍경(豊京)을 건설했고, 풍경 남쪽에 영대를 다시 두어 제천(祭天)의 예법을 완성했다. 그 영대 앞에는 연못[靈沼]과 동물을 키우는 동산[靈囿]도 조성하여 덕치(德治)의 이상을 구현하면서 천하를 거머쥐고자 했다. 그러나 곧바로 다음 해에 운명하였다. 문왕은 세상을 떠나기 전에 영대에 천지신명을 모셨고 땅에 봉안하였다. 그것이 바로 '신봉어지(神封於地)'였고, 그로써 땅이 존귀해지는 지존(地尊)의 시대가 열렸다. 문왕의 최측근이자 핵심 참모였던 강태공은 문왕을 도와 이 모든 업적을 함께 이루며 지존시대(地尊時代)를 여는 산파 역할을 했다.

이후 수천 년의 세월 동안 영대는 『장자』와 성리학, 도교 내단 사상을 거치며 물리적 실체를 벗고 '마음'이라는 비물질적 수행 공간으로 전이되었다. 그러나 현대에 이르러 한국 최대의 민족종교 대순진리회는 다시금 거대한 건축물로서의 영대를 세상에 드러냈다. 대순진리회에서 신들이 봉안된 신전은 영대라는 이름으로 불린다. 영대는 원래 문왕이 상제를 모시고 천제를 지내던 곳이었으므로, '상제님'을 모시는 대순진리회 신전의 명칭이 영대인 것은 역사적·종교적으로 충분한 근거를 갖는다. 하지만 이곳의 영대는 과거로의 회귀가 아니라 새로운 시대로의 도약을 의미한다. 도전께서는 대순진리회 영대에 모셔진 천지신명들이 앞으로 사람에게 봉해지며, 이것으로써 인존(人尊)의 시대가 열리게 된다고 천명하셨기 때문이다.

대순진리회에서 영대를 처음 봉안한 분은 도주 정산이셨다. 도주

께서는 1909년에 봉천명(奉天命)하시고 1925년에 도장을 지으며 '상
제님'을 봉안한 영대를 세우셨다. 최초의 영대에는 '상제님'만 모셔
져 있었으나, 대략 1957년 무렵에는 15 신위로 대표되는 뭇 신명들이
영대에 모두 봉안되었던 것으로 추정된다. 이러한 과정을 문왕의 역
사와 병치해 보면, 대순진리회의 신앙 내용은 다음과 같이 이해될 수
있다: 문왕이 득천명(得天命)하여 영대를 세우고 상제와 천지신명을 모
셨다가 그 후에 천지신명을 땅에 봉했다면[神封於地의 地尊], 도주께서는
봉천명(奉天命)하고 '상제님'과 천지신명을 영대에 모셨으며 그 후에
천지신명은 다시 인간에게 봉해진다[神封於人의 人尊]. 즉, 문왕이 지존
시대를 열었다면, 도주께서는 인존시대(人尊時代)를 여는 기틀을 마련
하신 것이다.

이러한 관점에서 볼 때, 대순진리회에서 물질적 건축물인 영대는
신명들이 하늘과 땅의 영역에서 인간의 영역으로 넘어오는 과정에서
잠시 머무르는 거룩한 정거장이자, 신봉어인(神封於人)을 위한 예비 공
간으로 규정된다. 신명은 이곳 영대에서 인간의 완성을 기다리고 있
으며, 인간이 마음을 닦아 그릇을 갖추었을 때 비로소 그 '인간-영대'
로 옮겨가 좌정하게 된다.

여기서 우리는 앞서 4장에서 살펴보았던 '마음으로서의 영대'가
왜 중요한지 이해하게 된다. 수행을 통해 닦여진 마음, 즉 비물질 영대
가 준비되어야만 물질 영대에 계신 신명이 임할 수 있기 때문이다. 그
렇다면 대순진리회에서 신전 '영대'는 숭배만을 위한 신전이 아니라,
장차 도래할 '살아있는 영대'인 인간을 위해 신명을 모셔둔 약속의 징
표로 기능한다고 할 수 있다. 이것이 바로 영대가 물질과 비물질의 경

계를 넘어 '인간의 존귀함[人尊]'으로 수렴되는 대순진리회의 핵심적
인 공간 구조라 하겠다.

제2부

내정(內庭) : 도정(道政)의 운영과 통솔

1. 내정의 의미와 역사

1-1. 내정의 의미와 기능

내정(內庭)은 '궁궐 안쪽'이라는 뜻이다.[1] 『삼국유사』, 『고려사』, 조선왕조실록에도 궁궐의 안을 내정으로 표기했던 사례를 확인할 수 있다.[2] 1758년에 발간된 『국조상례보편(國朝喪禮補編)』의 기록, 즉 성복제(成服祭)를 마친 후 '병조(兵曹)는 제위(諸衛: 왕실 종친 등으로 구성된 군사들)를 통솔하여 내정(內庭)과 외정(外庭)의 동쪽과 서쪽 및 내문(內門)과 외문(外門)에 군사를 벌여 세운다'[3]라는 서술은 내정이 궁궐 안, 외정이 궁궐 밖이라는 의미로 사용되었음을 잘 보여준다.

내정이 궁궐 안이라는 물리적 공간만을 의미하는 건 아니다. 궁궐 안에는 임금이 살고 임금은 나라를 통치하기 때문에, 내정은 곧 정사(政事)와 통치를 상징하는 개념이기도 했다. 그 유래는 삼천 년 전의 주나라 시대까지 거슬러 올라간다. 주나라에는 삼조(三朝)란 것이 있었

---

1 단국대학교 동양학연구소(편), 『漢韓大辭典』 2 (서울: 단국대학교 출판부, 2000), p.97, p.114.

2 몇 가지 사례만 들어보면 다음과 같다. "(신라 원성대왕 11년[795] 어느 날에 당나라 사신이 몰래 호국용들을 붙잡아가려고 하자) 두 여자가 內庭에 나와 아뢰되 '저희들은 東池와 靑池에 사는 두 용의 아내인데 … 우리 남편들인 호국용을 여기에 머무르게 하소서' 하였다." 『三國遺事』 권2 「紀異篇」 '元聖大王'; "5월 신해 초하루 內庭에 1백 개의 師子座를 설치하여 3일 동안 仁王經을 강설하였다." 『高麗史』 권4, 현종 11년(1020) 5월; "병진일에 內庭에서 醮祭를 지냈다." 『高麗史』 권10, 선종 4년(1087) 7월; "황희와 노희봉이 같이 內庭으로 들어갔으나, 임금(태종)이 진노할까 두려워하여 우물쭈물하면서 몸을 움추리고 오래도록 감히 아뢰지 못하였다." 『太宗實錄』 12권 태종 6년(1406) 8월 20일. 한국사 데이터베이스(http://db.history.go.kr, 접근일 2020.10.6).

3 "兵曹, 勒諸衛, 陳軍士於內外庭之東西及內外門." 『國朝喪禮補編』 권1 「嗣位」.

는데, 그것은 임금이 대궐 안에서 정사(政事)를 보는 장소인 내조(內朝), 임금이 정사를 보거나 휴식을 취하는 곳인 연조(燕朝), 신하들이 궁 밖에서 정사를 보는 곳인 외조(外祖)였다.[4] 삼조 가운데 내조와 연조, 즉 임금이 일상 정무(政務)를 살피고 기거하는 곳은 내조(內朝)로 불렸다.[5] 이 내조가 바로 내정(內廷) 혹은 내정(內庭)이었다.[6]

대순진리회에도 내정(內庭)이라는 이름의 건물이 하나 있다. 그곳은 도전께서 집무하는 장소다. 대순진리회 헌법에 해당하는『도헌(道憲)』에 의하면 '도전(都典)'이란 중앙종의회나 포정원·정원·종무원·감사원 위에 존재하는 하나의 '기관(機關)'이다. 도주로부터 유명(遺命)으로 종통을 '직접' 계승한 분만 오를 수 있으며, 종단을 대표하고 영도(領導)하니 곧 종단 운영 전반을 감독·지시하는 자리다.[7] 내정은 바로 그러한 도전 직책을 가진 분이 거주하는 건물이니, 대순진리회의 전반적인 감독과 운영·통솔이 이루어지는 '통치와 집행의 공간'이다.

도장 건축물 가운데 가장 중요한 곳은 '상제님'을 비롯한 15 신위가 봉안된 신전이면서 치성·강식(降式) 등 대순진리회의 핵심 종교활동의 중심지인 영대(靈臺), 그리고 '상제님'과 여러 신명을 모신 봉강전(奉降殿)과 대순성전(大巡聖殿)이다. 반면, 내정(內庭)은 신명을 모신 제의적

---

4 단국대학교 동양학연구소(편),『漢韓大辭典』1 (서울: 단국대학교 출판부, 2000), p.228.

5 "周天子諸侯皆有三朝, 外朝一, 內朝二. 內朝之在路門內者, 或謂之燕朝."『周禮註疏』;『漢韓大辭典』2, p.115.

6 漢典(https://www.zdic.net/hans/%E5%85%A7%E5%BB%B7, 검색일 2020.11.5.); 같은 책, p.114.

7 제16조부터 제23조까지 참조. 대순진리회 여주본부도장 홈페이지, http://daesoon.org/about/bible.doheon.php (검색일 2025.12.31).

공간은 아니다. 하지만 선박을 조종하고 운항을 지휘하는 조타실과 같이, 종단의 제반 사항을 결정하고 통솔하는 중추적 공간이라는 점에서 그 중요도는 절대 낮지 않다.

1-2. 내정의 역사

내정 건물은 언제 처음 지어졌는가? 1966년에 발간된 『태극도 안내서』에는 '본부 시설 약도'가 나오는데, 여기에는 집무 공간인 '정사(精舍)'만 있을 뿐 '내정'은 보이지 않는다. 『태극도 월보』는 도전께서 정무를 보는 곳을 '도전실' 또는 '도전 집무실'로만 표기하고 있다.[8] 대순진리회 기획부 내부 자료인 「대순 연혁」(1988년 작성)에는 1969년 10월 5일(음력 8.24) 본전 영대 상량식을 할 때 내정도 같이 건축을 시작한 것으로 되어 있다.[9] 그렇다면 '내정'이라는 명칭의 건물은 1969년에 처음 세워졌다고 말해야 한다.

내정의 존재를 문헌으로 확인할 수 있는 최초의 자료는, 중곡동 도장 건설 전후 줄곧 그곳에 거주하고 있었으며 초대 교무부장을 지냈던 김하정(金夏正)의 개인 일기, 『성재일지(醒齋日誌)』다. 이 문헌의 1971년 4월 1일(음력 3.6) 기록은 도주 조성옥황상제의 화천기념치성과 그 후의 상황을 적은 것으로서, 다음과 같이 도전께서 기거하는 건물을 '내정(內庭)'으로 표현한다. 『성재일지』는 개인 수첩 기록이기는 하지만

---

8 『태극도 월보』 3 (1967.9.25), p.23; 『태극도 월보』 4 (1967.10.25), p.23; 『태극도 월보』 5 (1967.11.25.), p.15; 『태극도 월보』 7 (1968.1.25), p.13; 『태극도 월보』 12 (1968.6.25), p.4.
9 대순진리회 기획부, 「대순 연혁(1969.5~1988.7)」 (필사본, 1988), p.6.

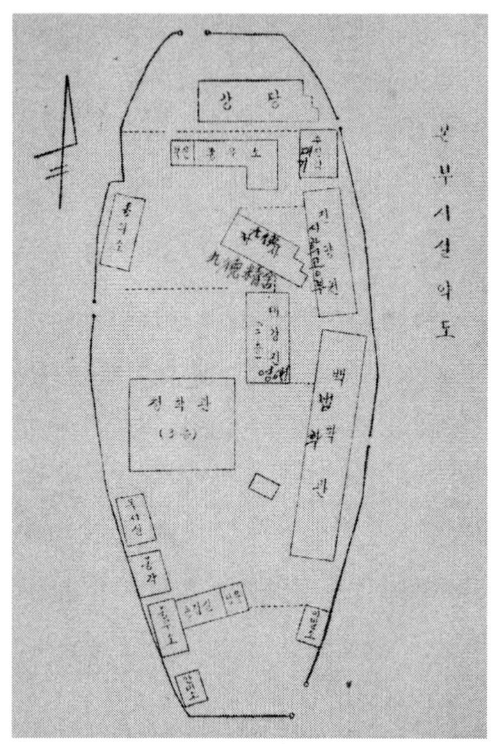

<그림 1> 1966년 감천도장 약도.[10] '내정'이라는
명칭의 건물은 보이지 않는다

'내정'이라는 말이 등장하는 최초의 문서라 할 수 있다.

午前1時半陳設行事敬虔嚴肅奉行參禮人員243名飮福一切完
了後近處道人各歸遠處地方道人留宿, 啓曉頃自內庭傳喝柳景文
故同赴內庭[11]

---

10 태극도 본부 교화부, 『태극도 안내서』 (부산: 태극도 본부 교화부, 1966), p.15.
11 김하정, 『성재일지』 (필사본), 1971년 4월 1일 기록.

오전 1시 30분에 진설 행사가 경건·엄숙하게 봉행되었다. 참례 인원 243명은 전원 음복을 완료하고 근처에 사는 도인들은 귀가했으며, 먼 곳에서 온 도인들은 유숙하였다. 동틀 무렵에 內庭으로부터 柳景文을 통해 전갈이 있었으므로 함께 內庭으로 갔다.

이처럼 문헌 자료에 근거한다면, 1969년 서울 중곡동에 도장이 들어설 때 내정이 처음 세워졌던 것으로 보인다. 그리고 전국에 도장이 추가로 건립될 때마다 영대 건물 옆에 내정도 같이 섰다. 순서대로 적자면, 두 번째 내정은 1986년 여주 도장에, 그리고 1990년 여주 도장 증축 때 다시 여주 도장에, 세 번째 내정은 1992년 포천의 도장에, 네 번째 내정은 1995년 고성의 도장에 각각 섰다.[12]

2. 내정 명칭의 문헌 출처

2-1. 내정의 출처를 찾아서

도전께서 정무(政務)를 주재하시는 통솔 공간을 '내정(內庭)'이라 명명한 연유는 무엇인가? 앞서 논의한 바와 같이, 유교적 맥락에서 내정

---

12 1989년에 제주수련도장이 섰으나, 내정 건물은 별도로 만들어지지 않았다. 이 도장은 다른 도장 건물과 달리 한옥이 아니라 현대식 건물 1개로 되어 있다. 영대라는 간판을 붙인 별도의 건물은 없다. 제주수련도장의 규모는 800여 평의 대지에 건평은 1,708평으로 지하 1층, 지상 7층의 빌딩이다. 7층에는 영대(靈臺)와 대순성전(大巡聖殿)이 있고, 3층에서 6층까지는 임원실, 2층은 식당, 1층은 종무실, 지하는 강의실이다.

은 정사(政事)와 통치를 상징하는 공간적 개념이다. 그러나 이와 더불어 주목해야 할 또 다른 중요한 배경이 있다. 대순진리회 내부에 이어 온 전승에 따르면, 여동빈(呂洞賓)의 종조(宗祖)가 저술한 문헌 중 '구사(龜蛇)[13]는 반내정(蟠內庭)하고 오토(烏兎)는 배일월(拜日月)이라'는 구절이 내정 명칭의 직접적인 전거(典據)가 되었다는 것이다. 이는 내정의 명칭이 유교적 함의뿐만 아니라, 도교적 배경도 가짐을 시사한다.

이 이야기를 처음 들었을 때가 1991년 혹은 1992년이었던 것 같다. 당시에는 그 근거 문헌이 무엇인지, 또 구체적인 내용과 뜻은 어떤 것인지를 들을 수 없었다. 그로부터 10년이 더 지난 2004년 5월, 대순진리회의 원로 임원들로부터 내정이라는 용어가 여동빈을 신선으로 만든 종조의 계서에 적혀있는 '구사는 반내정하고 옥토는 대일월하고'라는 글귀에서 유래한다는 사실, 그리고 그 서적에는 '용법구도(用法求道: 법을 쓰고 도를 구함)이면 구도불란(求道不亂: 도가 구하는 것이 어렵지 않음)이라. 이도구선(以道求仙: 도로써 신선을 구하고자 함)이면 선역심이(仙亦甚易: 또한 신선되기가 쉽다)'라는 글귀가 있다는 사실까지 듣게 되었다.

내정의 출전이라고 알려진 여동빈 종조의 계서란 어떤 책을 지칭하는지 확인하기 위해 2008년 5월 원로 임원들을 재차 찾았다. 그때 또다시 들은 이야기는 내정이라는 명칭이 '여동빈을 신선으로 만든 종조의 계서' 속에 든 글귀 '구사 반내정 옥토 대일월'로부터 유래했다는 것, 그 문헌의 제목이 계서(戒書)란 것 외에는 정확히 기억할 수 없다는 것과 그 문헌을 잃어버려 찾을 수 없다는 것, 그 문헌에는 '用法求道 求道不

---

13 '龜蛇'는 '귀사'가 아니라 '구사'로 읽는다.

亂 以道求仙 仙亦甚易'라는 문구가 들어있다는 것이었다.

여동빈을 신선으로 만든 종조란 鍾祖(종조), 즉 여동빈의 스승인 종리권(鍾離權)을 가리킨다. 도교에서는 종리권과 여동빈을 각각 종조(鍾祖)와 여조(呂祖)라고 부르고, 이들을 묶어서 종려(鍾呂)라 한다. 또 이들이 전한 내단술(內丹術)을 종려금단도(鍾呂金丹道)라고 일컫는다. 따라서 시간이 좀 걸리더라도 종리권이나 여동빈 혹은 이 둘을 묶은 종려를 저자로 하는 서적들을 뒤진다면, 내정의 전거를 확인하는 것은 어렵지 않으리라 생각했다.

종리권·여동빈(종려)을 대표하는 세 권의 서적인『영보필법(靈寶畢法)』·『종려전도집(鍾呂傳道集)』·『서산군선회진기(西山群仙會眞記)』를 비롯하여,『고효가(敲爻歌)』,『태을금화종지(太乙金華宗旨)』,『여조황학부(呂祖黃鶴賦)』,『여조정기가(呂祖鼎器歌)』,『여조백자비(呂祖百字碑)』,『여조사삼니의세설술(呂祖師三尼醫世說述)』,『여조진경가(呂祖眞經歌)』,『여조비원춘단사(呂祖泌園春丹詞)』,『순양연정부우제군기제진경(純陽演正孚佑帝君旣濟眞經)』,『파미정도가(破迷正道歌)』등 여러 자료를 두루 훑기 시작했다. 그러나 내정이 등장하는 구절을 발견할 수 없었다.

2-2.『여조전서』의 발견

출처를 확인하게 된 것은 그로부터 한참 시간이 지나서였다. 그곳은 바로『여조전서(呂祖全書)』속에 휘집(彙集: 종류에 따라 묶음)되어 있었던『전팔품선경(前八品仙經)』의「오행단효(五行端孝)」'품제이(品第二)' 편에서였다. 거기에는 '내정'이 다음과 같이 실려 있었다.

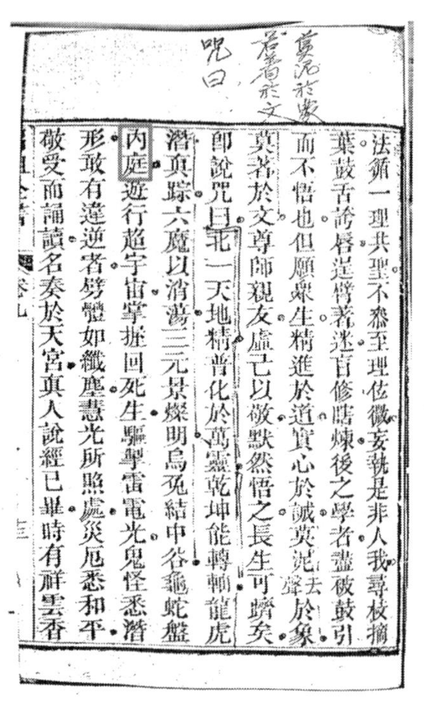

法循一理，共聖不恭，至理佐微，亥就是非人我，尋枝摘
藥，鼓舌誇唇，迷百修時，煉後之學者，盡破鼓引，
而不悟也，但願衆生，精進於道，實心於誠，英泥聲去於象，
莫著於文，尊師親友，虛己以敬，默然悟之，長生可躋矣，
即說咒曰　乾一天地精，普化於萬靈，乾坤能轉軸，龍虎
潛眞蹤，六魔以消蕩，三元景燦明，烏兔結中谷，龜蛇盤
內庭　遊行超宇宙，掌握回死生，驅掣雷電光，鬼怪悉潛
形，敢有違逆者，劈體如纖塵，慧光所照，虛災厄悉和平，
敬受而誦讀，名奏於天宮，眞人說經已畢，時有祥雲香

<그림 2> 『여조전서』(32권 본, 국립중앙도
서관 소장) 권9의 『전팔품선경』, 「오행단효」
'품제이'에 보이는 '內庭'의 글귀

北一天地精, 普化於萬靈, 乾坤能轉軸, 龍虎潛眞蹤, 六魔以消盪,

三元景燦明, **烏兎結中谷, 龜蛇盤內庭,** 遊行超宇宙, 掌握回死生,

驅掣雷電光, 鬼怪悉潛形, 敢有違逆者, 劈體如纖塵.[14]

위 인용문 가운데 보이는 '오토결중곡(烏兎結中谷) 구사반내정(龜蛇盤
內庭)'이라는 글귀는 필자가 1990년대 초에 처음 들었던 '구사반내정

---

14 『呂祖全書』, 「前八品仙經」, '五行端孝品第二'.

(龜蛇蟠內庭) 오토배일월(烏兔拜日月)', 2004년과 2008년에 재확인했던 '구사반내정 옥토대일월'과 다르다. 그러나 필자는 위 인용문의 글귀가 구전되어 온 내정의 출전인 것으로 판단했다. 그 이유는 오래전의 기억을 전달하는 과정에 글자 오류가 있을 수 있다는 점 때문이기도 하고, 무엇보다 '내정'이라는 용어를 담은 문헌에 '用法求道 求道不亂 以道求仙 仙亦甚易'라는 글귀가 들어있다는 원로 임원들의 증언 때문이었다. 그러니까 '내정'이라는 글귀를 싣고 있다고 구전으로 전해지는 문헌에는 반드시 이 문구가 들어있어야 한다. 『여조전서』속에는 『여조전서수진전도집(呂祖全書修真傳道集)』이라는 묶음의 경전들이 있는데, 그 가운데 「논진선 제일(論真仙第一)」편에는 이 문구가 다음과 같이 등장한다.

呂祖曰: 鬼仙固不可求矣, 天仙亦未敢望矣. 所謂人仙, 地仙, 神仙之法, 可得聞乎?

鍾祖曰: 人仙不出小成法, 凡地仙不出中成法, 凡神仙不出大成法. 此三成之數, 其實一也. **用法求道, 道固不難. 以道求仙, 仙亦甚易.**[15]

여조(여동빈)가 말했다: 귀선(鬼仙)은 진실로 구하기 어렵습니다. 천선(天仙) 역시 감히 바랄 수 없습니다. 이른바 인선(人仙)·지선(地仙)·신선(神仙)이라는 단계에 이르는 법을 들을 수 있겠습니까?

종조(종리권)가 말했다: 인선(人仙)이란 소성법을 벗어나지 않는

---

15 『呂祖全書』, 「呂祖全書修真傳道集」, '論真仙第一'.

다. 무릇 지선(地仙)은 중성법을 벗어나지 않고, 신선(神仙)은 대성
법을 벗어나지 않는다.[16] 이 세 가지 성법은 실제로는 하나다. **법을
쓰고 도를 구하면 도는 진실로 어렵지 않다. 도로써 선(仙)을 구하
면 선(仙)(에 이르는 것이) 역시 매우 쉬운 것이다.**

한두 글자의 불일치를 감안하더라도, 『여조전서』는 '用法求道 求道
不亂 以道求仙 仙亦甚易'를 포함하고 있어야 한다는 조건을 만족시킨
다. 이것은 『여조전서』가 내정의 전거임을 입증하는 유력한 증거다.

물론, 이 글귀는 『여조전서』에만 있는 것은 아니다. 이 문구는 「논
진선 제일」편에 실린 것이고 「논진선 제일」편은 『종려전도집』에도
들어있는 것이기 때문에, 『종려전도집』 역시 이 문구를 가지고 있다.
그러나 『종려전도집』에는 '내정'이라는 단어가 보이지 않는다. '내
정'이라는 단어를 포함하면서도 '用法求道 求道不亂 以道求仙 仙亦
甚易'까지 담고 있는 문헌은 오직 『여조전서』뿐이다.

---

16 종리권의 설명에 따르면 선(仙)에는 천선(天仙)·신선(神仙)·지선(地仙)·인
선(人仙)·귀선(鬼仙)이라는 5가지 등급이 있다고 한다. 귀선은 가장 하등 단
계로서 윤회를 하지 않지만 순양(純陽)을 이루지는 못해 귀신을 벗어나지 못
한 상태다. 그 위의 단계 인선(人仙)은 대도를 깨닫지 못했으나 하나의 법만은
굳건히 지켜 병 없이 사람들 속에 섞여 살아가는 상태다. 그 위의 지선(地仙)은
장생불사를 얻었으나 하늘로 오르지는 못하고 땅에 머무는 상태다. 그 위의
신선은 지선이 수행에 더 매진하여 순양(純陽)을 이룸으로써 속세를 벗어나
삼신산에 든 상태다. 최상위 단계는 천선(天仙)인데 신선으로서 인간 세상에
공덕을 쌓음으로써 하늘에 오르고 관직을 맡은 상태다. 선(仙)이 되는 방법에
는 소성법(小成法)·중성법(中成法)·대성법(大成法) 세 가지가 있다. 소성법
은 심장과 신장의 기를 교구(交媾)시켜 몸에 단(丹)을 만드는 것이나 불사는 하
지 못하고 무병장수만 가능하다. 중성법은 몸에 진기(眞氣)를 쌓아 장생불사
에 도달하는 것이다. 대성법은 신선으로 승천하는 법이다. 종리권·여동빈, 『종
려전도집(鍾呂傳道集)』, 이봉호 외 옮김 (서울: 세창, 2013), pp.6-17. pp.25-34.

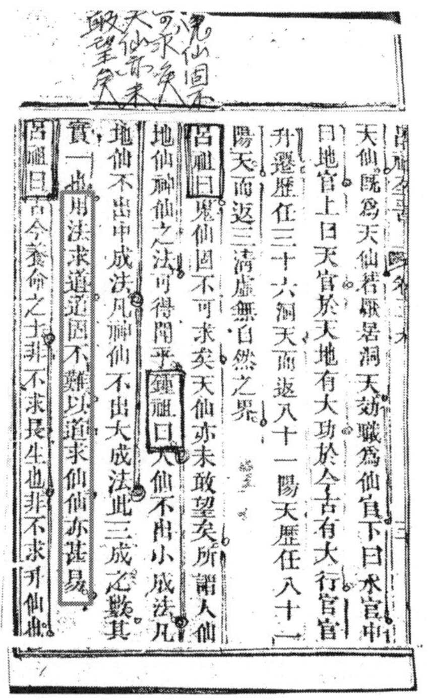

<그림 3> 『여조전서』(32권 본, 국립중앙도서관 소장) 권29의 『여조전서수진전도집』, 「논진선 제일」 속에 보이는 '用法求道, 道固不難. 以道求仙, 仙亦甚易'의 글귀

2-3. 신병가약(身病可藥) 심병난의(心病難醫)

『여조전서』는 지금까지 알려진 적이 없었던 '신병가약(身病可藥) 심병난의(心病難醫)'의 출전이기도 하다. 도전께서 "여동빈도 '몸의 병에는 약이 있으나 마음의 병은 고치기 어렵다(身病可藥 心病難醫)'라 하였고 … 마음이 내 몸을 좌우한다는 것을 깨달아라."는 훈시를 한 적이 있다.[17] 여기에 나오는 '신병가약 심병난의'의 여동빈 발언은 오직 『여조전서』에서만 찾아볼 수 있다.

道心要堅, 存心要實, 若不堅不實, 則有外魔糾纏, 縱於道有緣, 亦多生障礙.

論琴訓, 喬以恕云 : "琴之爲道, 皆具伭妙! 但鼓奏之時, 心要靜曠, 氣要和平, 指要安閒, 不著於身, 不著於物, 不著於境, 並不著於琴. 默出此心, 與太虛打成一片, 則隨指所奏, 皆爲太古之音! 若徒搬弄新聲, 悅人聽聞, 便靡曼淫藝, 去琴道遠矣!"

身病可藥, 心病難醫. 外魔可降, 內魔難制. 誤信妖言, 頓生妄想, 妄想生因, 因生障礙, 障礙不已, 遂有魔頭. 魔久住舍, 廼肆簸弄, 使之夢想, 顚倒錯亂, 或起恚恨, 或興咒詛, 或毀正道, 或恣邪說, 大則亡家, 小則滅性, 縱能悔悟, 旋復迷惑, 如是等爲, 無有終極.

我悲衆生, 爲作醫王, 療其心病, 服其內魔. 心病既除, 無所身病, 內魔克淨, 外魔焉侵. 若不攻心, 病入膏肓. 魔熾於內, 外魔孔彰. 汝等靜思, 可以偕臧.[18]

도심(道心)은 견고함을 요구하고, 존심(存心)은 충실함을 요구한다. 만약 견고하지 않고 견실하지 않으면 외마(外魔)에 구애됨이 있으니 설령 도에 인연이 있더라도 지장이 대거 생긴다.

금(琴: 거문고)의 뜻을 논하며 교이서(喬以恕)가 이렇게 말하였다: "금(琴)이 도(道)를 이룸은 다 현묘함을 갖추었기 때문일진저! 다만, 연주할 때는 마음이 고요하고 밝아야[靜曠] 하고, 기(氣)는 화평

---

17 대순진리회 교무부,『대순지침』2판 (여주: 대순진리회 출판부, 2012), p.49.
18 『呂祖全書』,「涵三語錄」.

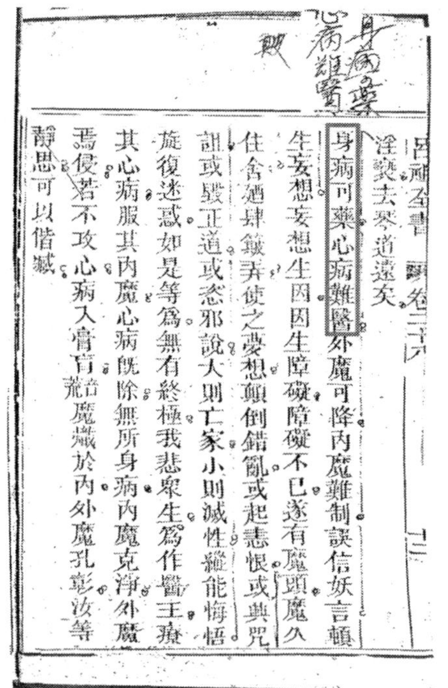

<그림 4> 『여조전서』(32권 본, 국립중앙도서관 소장) 권28의 『함삼어록』 속에 보이는 '身病可藥 心病難醫'의 글귀.

해야 하며, 손가락[指]은 편안해야만 한다. 일신에 나타내지 않으며, 외물에 나타내지 않고, 외경에 나타내지 않으면, 금(琴)에도 역시 나타나지 않는다. 이러한 마음을 묵묵히 내어서 태허(太虛)와 더불어 한 조각(의 소리)을 이루어낸다면[打成], 손이 가는 데 따라 연주되는 것이 모두 태고의 소리가 되는 것이라! 만약 한갓 새로운 소리나 희롱하여 타인의 이목을 즐겁게 하려고 한다면, 화려하고 음란하여 금(琴)의 도와 거리가 멀어질 것이다!"

몸의 병에는 약이 있으나 마음의 병은 고치기 어렵다. 외마(外魔)
는 제거할 수 있지만, 내마(內魔)는 제거하기 어렵다. 요망한 말을
잘못 믿으면 망상이 갑자기 생기고, 그 망상은 원인을 만들어 장애
를 생성하니, 장애가 그치지 않으면 마침내 마두(魔頭)가 된다. 마
가 오래 머물러 희롱을 자행하고 몽상(夢想)을 일으키게 하여, 엎어
지고[顚倒] 착란하여 때로는 분노와 원한을 일으키고, 때로는 저주
를 일으키며, 때로는 정도(正道)를 무너뜨리기도 하고, 때로는 사설
(邪說)을 자행하니, 크게는 집안을 망치고 작게는 천성을 잃게 된
다. 설령 뉘우치고 반성한다고 하더라도, 다시 미혹되어 그와 같은
행위를 (반복하여) 끝이 없게 된다.

　　나는 중생을 불쌍히 여겨 그들을 위해 의왕(醫王)을 세워서 그 심
병(心病)을 치료하게 하고 그 내마(內魔)를 다스리게 하였다. 마음의
병이 제거되고 나면 몸의 병도 사라지게 되고, 내마가 평정되고 나
면 외마도 물러나게 된다. 만약 마음을 다스리지 않으면 병이 가슴
속 깊이[膏肓] 들어가고, 마가 내부에서 번성하면 외마가 크게 드러
나게 된다. 너희들은 가만히 생각해 보라. 그러면 가히 좋아질 수
있을 것이다.

위 인용문은 『여조전서』 속에 들어있는 경전들 가운데 「함삼어록
(涵三語錄)」의 내용 가운데 일부다. 도전께서 여기에 등장하는 '신병
가약(身病可藥) 심병난의(心病難醫)'를 인용하여 훈시하셨다. 이로 볼
때 도전께서는 『여조전서』의 존재와 내용을 알고 계셨던 것으로 보
인다.

그렇다면 『여조전서』는 어떤 문헌인가? 누가 언제 어떻게 만들었는가? 그리고 『여조전서』 속에 묶인 경전들 가운데 『전팔품선경(前八品仙經)』은 '내정'이라는 단어를 어떤 내용과 맥락 속에서 말하고 있는가? 다음 장에서 이것을 살펴보도록 하자.

3. 『여조전서』: 여조신앙과 난단도교

3-1. 중국 도교사에서 여동빈의 위상

여조(呂祖), 즉 여동빈(呂洞賓)의 출생 연도는 796년 혹은 798년이라고 하고 638년이라는 말도 있는데, 대개는 당나라 후기에 활동했던 인물로 알려져 있다. 그는 스승 종리권[鍾祖]을 만나 도를 얻고, 서안 남쪽의 종남산(終南山)[19] 등지에서 두루 수도한 끝에 강서성 여산(廬山)[20] 선인동(仙人洞)에서 신선이 되었다. 그러나 그는 승천하지 않고 속세에 남아 백성을 모두 구제하여 천상계에 오르도록 돕겠다는 서원(誓願)을 세웠다.

그 후 여동빈은 속세에 몰래 나타나 백성의 소원을 들어주며 도를

---

19 해발 2,604m의 산. 유명한 도교의 성지다. 이곳에는 중국 최초의 도관이자 노자가 『도덕경』을 강의하고 수도했다는 누관대(樓觀擡)가 있다. 종리권과 여동빈, 전진교의 창시자인 왕중양도 종남산에서 수도했다. 또 이곳에는 신라시대 선인(仙人) 김가기(金可紀)의 유적도 있다. 한나라 때는 이곳에서 최고신 '태을'에게 제사했으므로 종남산은 태을산(太乙山)으로도 불린다.

20 해발 1,474m의 산. 도교의 성지 가운데 하나이며, 유교와 불교의 유적지도 있다. 장도릉이 이 산에서 수도했으며, 육수정도 이 산에서 도경을 수집하여 『도장』의 기초를 세웠다.

구하는 자에게 신선술을 가르치기 시작했다고 믿어졌다.[21] 이 때문에 그는 점점 인기가 올라가 북송 시절인 1119년에는 묘통진인(妙通眞人)으로 봉해졌고, 원나라 시절인 1269년에는 순양연정경화진군(純陽演正警化眞君)으로, 1310년에는 순양연정경화부우제군(純陽演正警化孚佑帝君 또는 純陽孚佑帝君)으로 칙봉(勅封) 받았다. 이때부터 여동빈은 '순양부우제군' 혹은 '부우제군'으로 불리게 되었다. '부우(孚佑)'란 『서경』 「탕고편(湯誥篇)」에서 따온 것으로 '백성을 도와준다[上天孚佑下民]'라는 뜻이다.[22] 백성을 제도하고 신선술을 가르치며 소원을 들어준다는 여동빈은 지금도 중국에서 관우와 더불어 가장 인기 있는 숭배 대상이다. 중국의 각 도관에서는 여동빈의 생일로 알려진 음력 4월 14일이 되면 그를 기념하는 성대한 의례[齋醮科儀]를 개최한다.

중국 도교사에서 여동빈이 갖는 위상과 의미는 크게 세 가지로 정리할 수 있다. 그 첫째는 오늘날 중국 도교의 8할 이상을 차지하는 전진교(全眞敎)가 숭상하는 오조(五祖) 가운데 한 명이 여동빈이라는 사실에 있다. 전진교의 창시자 왕중양(王重陽, 1112-1170)을 가르친 스승 가운데 한 명이 여동빈이었다고 하며, 왕중양과 여동빈을 포함하여 유해섬(劉海蟾), 종리권, 동화제군(東華帝君) 다섯 명은 전진교의 종조[全眞五祖]로 알려져 있다.[23] 전진교가 여동빈을 중요하게 생각하는 이유는

---

21 진기환, 『중국의 토속신과 그 신화』 (서울: 지영사, 1996), p.206, p.216; 마노 다카야, 『도교의 신들』, 이만옥 옮김 (서울: 들녘, 2001), pp.148-153.

22 김일권, 「조선후기 도교 권선서의 삼제군 신격과 명청대 국가의례 전개 고찰: 19세기 도교언해서 『과화존신』과 『삼성훈경』을 중심으로」, 『도교문화연구』 51 (2019), p.87.

23 구보 노리따다, 『도교사』, 최준식 옮김 (칠곡: 분도출판사, 2000), pp.301-303.

그가 왕중양의 스승이라는 사실 외에도, 심(心)과 기(氣)를 동시에 닦아야 한다는 성명쌍수론(性命雙修論)을 뚜렷하게 부각하고 내단술의 기초를 확립했다는 점 때문이다.[24] 성명쌍수에서 성(性)과 명(命)에 대한 설명은 종교마다 다르다. 도교의 경우는 대개 성(性)이 인간의 정신·의식·심성(心性)·이성(理性)·신(神)을 의미하고, 진의(眞意) 혹은 진신(眞神)이라고도 불리며, 인간의 정수리와 하늘[天]에 해당한다고 본다.

도교 내단학에서 신(神)은 외재적 존재인 신명(神明)이 아니라 자신의 정신을 가리키는 개념임을 유의할 필요가 있다. 명(命)은 생명·형체·형(形)을 의미하고, 원정(元精) 혹은 원기(元氣)라고도 불리며, 인간의 배꼽과 땅[地]에 해당한다. 그러므로 성명(性命)은 천지와 같은 것으로 간주되고, 성(性)을 닦는 것은 심신(心神: 마음과 정신)을 닦는 것이며, 명(命)을 닦는 것은 정기(精氣)를 닦는 것이고, 성과 명을 동시에 닦음[性命雙修]으로써 천지와 하나가 된다.[25] 여동빈은 이러한 내단학 이론을 구축한 인물로 인정받기에, 중국 도교사에서 그 위상이 높다.

둘째는 백성 곁에 머물면서 수시로 나타나 그들을 '부우'하는 신선으로 숭상되는 대표적인 존재가 여동빈이라는 점에 있다. 중국에는 여덟 명의 신선[八仙]을 숭배하는 민간 신앙이 있고, 이 신선들은 희극이나 설화의 소재로 종종 등장하는 등 인기가 높다. 이 가운데서도 백성 구제라는 성격을 가장 뚜렷하게 드러내는 신선이 바로 여동빈이

---

24 이봉호, 「조선시대 『참동계』 주석서의 몇 가지 특징」, 『도교문화연구』 29 (2008), pp.65-66; 김낙필, 「도교 수행론에서의 심과 기」, 『도교문화연구』 (2010), p.24.

25 이원국, 『내단: 심신수련의 역사 1』, 김낙필 외 옮김 (서울: 성균관대학교 출판부, 2006), pp.91-93.

다. 원래 신선은 세속의 일에 관계하지 않는 것으로 생각되지만, 여동빈은 백성 옆에서 그들과 같이 호흡하며 어려움을 도와주는 신선이라는 점에서 그 존재의 의의가 크다고 할 수 있다.

여동빈이 대순진리회와 만나는 접점 가운데 하나가 바로 여기에 있다. 전술한 대로 여동빈은 민중을 모두 제도하겠다는 서원을 세웠고 백성을 구제하며 신선술을 가르치고 소원을 들어주는 일을 한다고 믿어졌다. 증산께서도 그런 여동빈에 대해 말씀한 바가 있다.

> 나의 일은 여동빈의 일과 같으니라. 그가 인간의 인연을 찾아서 장생술을 전하려고 빗 장사로 변장하고 거리에서 '이 빗으로 머리를 빗으면 흰 머리가 검어지고 굽은 허리가 곧아지고 노구가 청춘이 되나니 이 빗값은 천냥이로다'고 외치니 듣는 사람마다 허황하다 하여 따르는 사람이 없기에 그가 스스로 한 노구에게 시험하여 보이니 과연 말과 같은지라. 그제야 모든 사람이 서로 앞을 다투어 모여오니 승천하였느니라.[26]

증산께서 해원(解冤)을 기조로 천지공사(天地公事)를 집행하시던 당시, 세상 사람들은 그 심오한 뜻을 헤아리지 못하여 증산을 '광인(狂人)'이라 불렀다. 이에 증산께서는 자신의 처지를 여동빈의 고사(故事)에 빗대어 설명하셨다. 이러한 비유는 증산께서 여동빈이 행한 제세(濟世)의 공덕과 신선술 전수를 긍정적으로 수용하고 계셨음을 방증하

는 대목이다.

셋째는 백성을 '부우'하는 구제자로서의 여동빈 신앙이 송·원·명·청을 거치며 민간에 널리 유행하면서 여조(呂祖) 난단도교(鸞壇道敎)의 탄생으로 이어졌다는 데 있다. 그 신앙이 여조(呂祖) 강계신앙(降乩信仰)이며,[27] '내정'을 실은 『전팔품선경』 등의 저서들을 모아 『여조전서』가 편찬된 것도 이 신앙 때문에 가능했다. 이 역시 여동빈과 대순진리회 사이에 존재하는 또 하나의 접점이다. 강계신앙에 대해서는 다음 절로 옮겨서 자세하게 살펴보자.

3-2. 여조(呂祖) 강계신앙(降乩信仰)

강계신앙에서 '강계(降乩)'는 부계(扶乩), 부란(扶鸞), 부기(扶箕), 기선(箕仙), 강필(降筆) 등 다양한 이름으로 불린다. 이것은 강신술(降神術)의 일종으로, 복숭아나무(혹은 버드나무) 가지로 만든 Y자(혹은 T자) 모양의 붓[계필(乩筆) 혹은 난필(鸞筆)이라 한다]을 모래판[沙盤] 위에 두고, 특정한 신을 부르면 그 신이 내려와 붓을 움직여 문자 혹은 그림을 그림으로써 특정한 메시지를 전하는 방법이다.[28]

이 강신술은 중국의 대표적인 측간 귀신[厠神] 자고(紫姑)로부터 유래했다고 알려져 있다.[29] 자고는 원래 산서성 지사의 첩이었는데 본처의

---

27 黎志添, 「明清道教呂祖降乩信仰的發展及相關文人乩壇研究」, 『中國文化研究所學報』 65 (2017), pp.139-140.

28 사가데 요시노부(편), 『도교백과』, 이봉호 외 옮김 (서울: 파라북스, 2018), p.230.

29 박지현, 「희생과 신성: 중국의 자고(紫姑) 신앙 분석」, 『중국학보』 52 (2005), p.173.

질투를 받아 정월 15일에 변소에서 살해를 당했다. 천제는 이를 불쌍히 여겨 자고를 측신으로 삼았고, 이로부터 중국에는 5~6세기 남조(南朝)부터 정월 보름이 되면 여성들이 측간에 자고의 인형을 만들어놓고 그를 불러내 점을 치는 풍습이 생겼다고 한다.[30] 명·청대 지식인들은 이 풍습의 자고 인형을 계필(乩筆)로 바꾸고, 그 붓에 자고를 비롯한 여러 신이 내려오게 하여 붓을 움직이도록 유도함으로써 계시[乩語]를 받는 방식으로 비밀스러운 지식을 쌓았다.[31] 이런 강신술은 중국 광동성과 복건성, 대만 등지에서 지금도 성행한다.[32]

　세계 곳곳에는 이와 유사한 강신술이 여럿 존재한다. 조선 후기의 이규경(李圭景, 1788-?)은 『오주연문장전산고(五洲衍文長箋散稿)』에서 붓이 신을 받아 저절로 움직여 그림이나 글씨를 써내는 필점(筆占)에 대해 적은 바 있고,[33] 민속에도 강신을 통해 점을 치는 '춘향이 놀이(춘향각시놀이)'[34]라는 게 있었다. 현대 일본과 한국 청소년들 사이에 잘 알려진 '분신사바'[35]와 '여우창문(狐の窓)'[36], '손님대접'[37], '구석놀이'[38],

---

30　사가데 요시노부(편), 앞의 책, pp.156-157; 쫑자오펑(편), 『도교사전』, 이봉호 외 옮김 (서울: 파라북스, 2018), pp.738-740.

31　박지현, 앞의 글, pp.181-182; 박지현, 「중국의 부계(扶乩)신앙과 문인문화」, 『중국문학』56 (2008), pp.252-264.

32　자세한 내용은 상기숙, 「대만 민간신앙의 동계(童乩) 연구」, 『동방학』32 (2015), pp.305-328 참조.

33　『五洲衍文長箋散稿』「人事篇　○技藝類」, <卜筮>, '筆占辨證說'.

34　옛날에 여자아이들이 방에 둘러앉아 한 아이를 가운데 꿇어앉히고 '춘향아, 춘향아, 남원읍에 성춘향아, 나이는 십팔세, 생일은 사월초파일, 경치 좋고 산수 좋은 곳으로 놀러가자'고 주문을 외면 가운데 앉은 아이는 신의 내림을 받아 춤을 추고 노래를 부른다고 한다. 한국민속사전 편찬위원회 엮음, 『한국민속대사전』(서울: 민족문화사, 1991), pp.1401-1402.

35　필기구를 쥐고 귀신을 불러 문답하는 방법.

그리고 유럽 집시들과 미국에서 유행했던 심령 대화술 '위저 보드(Ouija Board)',[39] 미국 청소년들 사이에 인기 있는 '찰리찰리 챌린지(Charlie Charlie challenge)'[40]도 강계와 유사한 강신술의 일종이다.

중국에서 강계는 명·청을 거치면서 종교단체를 구성하여 하나의 신앙으로 발전한다는 데에 중요한 특징이 있다. 원래 중국의 강계는 자고가 내림하여 비밀스러운 사실을 알려주는 형태였으나, 명말 청초부터 몇몇 중국 지식인들은 자고 외의 다른 신이나 신선들의 강림을 유도하여 가르침을 받았다. 이 현상을 '수경천교(垂經闡敎)' 또는 '비란행화(飛鸞行化)'라고 부른다. 이럴 때는 대개 그 강림하는 신이나 신선을 숭상하는 신앙공동체가 결성되곤 했다. 그 단체를 계단(乩壇), 난단(鸞壇), 선당(善堂)이라고 하며, 근현대 중국에 교세를 확장했던 일관도(一貫道), 동선사(同善社) 등도 여기에 속한다. 이들은 대개 난단도교(鸞壇道敎)로 알려져 있다.[41]

명말 청초에 강계를 통해 초청된 신선들 가운데 한 명은 여동빈이었다. 그를 신앙하는 일단의 지식인들은 강계로써 그를 초청하여 가르침을 받고 경전을 만들었다. 이로써 여동빈이 강계로써 가르침을 전했다고 하는 경전들이 나타나기 시작하였다. 이 경전들은 여동빈이

---

36 손으로 창문 모양을 만들어 그 틈으로 귀신을 보는 방법.
37 어두운 방에서 TV나 라디오를 지지직거리는 소리가 나도록 틀어놓고 밥과 물(또는 술)을 차려 귀신을 부른 후 미래를 물어보는 방법.
38 빈방을 어둡게 한 후 네 모퉁이에 한 사람씩 서서 방 가운데 귀신을 불러내는 방법.
39 글자를 적은 보드를 놓고 귀신을 불러 문답하는 방법.
40 연필과 종이를 사용하여 귀신을 불러 문답하는 방법.
41 사가데 요시노부(편), 앞의 책, pp.230-231; 黎志添, 앞의 글, pp.144-145.

비란강시(飛鸞降示)로써 중생을 제도한다는 신앙, 즉 여동빈 강계신앙을 전파하는 데 큰 역할을 담당하였다.[42]

'내정'이라는 용어를 실은 『전팔품선경』은 이런 배경에서 나온 것이다. 그러니까 『전팔품선경』은 여동빈이 난단의 계필에 내림하여 계시로써 전해주는 방법인 강계로 전한 경전이다. 대순진리회의 원로 임원들은 '내정'의 출전이 종조의 '계서'라고 하였고 그 계서란 한자로 '戒書'라고 하였는데, 실은 강계 혹은 부계로 전해진 서적이라는 의미에서 '戒書'가 아니라 '계서(乩書)'가 아니었나 싶다. 강계나 부계는 부란(扶鸞)으로도 불리기 때문에 계서(乩書)는 난서(鸞書)라고도 불린다. 여동빈의 계서(혹은 난서)들에는 여동빈 즉 여조만 등장하는 게 아니라 그 스승인 종조도 같이 출현하여 가르침을 전하는 경우가 종종 있다. 그러므로 대순진리회의 원로 임원들이 '여동빈을 신선으로 만든 종조의 계서'라는 표현을 사용했던 게 아닌가 한다.

3-3. 『전팔품선경』과 『여조전서』의 간행 · 유포 경위

▌『전팔품선경』의 출현

『전팔품선경』과 『여조전서』는 어떻게 해서 세상에 알려지게 되었는가? 『전팔품선경』의 「합각팔품선경원서(合刻八品仙經原序)」에 의하면,[43] 명나라 말기인 만력 17년(1589)부터 천계(天啓) 6년(1626) 사이에, 중국 광릉(廣陵)의 만점(萬店) 집선루(集仙樓)[44]에서 여동빈을 신앙하는

---

42 黎志添, 위의 글, p.144.

43 『呂祖全書』(32卷本) 卷九 『前八品仙經』, 「合刻八品仙經原序」.

44 홍콩 중문대학(中文大學) 교수 리즈텐(黎志添)은 그의 논문 「청대 4종의 『여조

사람들이 모여 부계(강계)를 통해 여동빈으로부터 「태극화육(太極化育)」 '품제일(品第一)'과 「오행단효(五行端孝)」 '품제이(品第二)'를 받았다고 한다. '내정'은 이 두 계서 가운데 「오행단효」 '품제이'에 실려 있다. 그러니까 '내정'이라는 용어는 1589년부터 1626년 사이에 광릉 만점 집선루에서 여동빈의 계시로 출현했다.

또 금릉(金陵, 난징) 지역에서 「성제도인(誠悌導引)」 '품제삼(品第三)'과 「정충시교(正忠示教)」 '품제사(品第四)', 비릉(毘陵, 강소성 창저우시[常州市]) 지역에서 「신보달도(信寶達道)」 '품제오(品第五)', 신주(信州, 강서성 상라오시[上饒市]) 지역에서 「보정고명(保精固命)」 '품제육(品第六)'과 「기합현원(氣合伭元)」 '품제칠(品第七)', 임강(臨江, 강서성 린지앙진[臨江鎭]) 지역에서 「신화무위(神化無爲)」 '품제팔(品第八)'이 여조 신앙인들에 의해 각각 계서로 저술되었다. 이러한 8종의 계서는 순서가 없는 것이었으나, 여조 신앙인들은 그 계서들에 1품에서 8품까지 순서를 달아서 하나로 모았고, 그 묶음을 『태상여조개천황극증진합벽동묘선경(太上呂祖開天皇極證眞闔闢洞妙仙經)』으로 불렀다. 이를 간단히 줄여서 『팔품선경』(혹은 『팔품경』)이라고 한다. 이 합본이 완성된 시기는 1626년 이후부터 1700년

전서』와 여조 부계도단(扶乩道壇)의 관계」(2013)에서 『전팔품선경』을 포함하는 『여조전서』의 간행 경위를 자세하게 정리하여 발표한 적이 있다. 그는 廣陵이 지금의 江苏省 扬州市라고 비정하였다. 그러나 만점 집선루의 위치는 고증하지 않았다. 필자가 그에게 메일로 문의하였더니, 그는 만점과 집선루의 위치를 알 수 없다고 답변하였다. 리즈텐이 말한 곳은 扬州市의 广陵区였는데, 필자 역시 『廣陵区志』(北京: 中华书局, 1993) 등 관련 자료들을 뒤졌으나 만점 집선루의 위치를 확인할 수 없었다. 廣陵은 扬州市 广陵区일 수도 있지만, 山西省 广灵县 혹은 山东省 寿光市일 수도 있다. 臧励龢 等編, 『中国古今地名大辞典』(上海: 上海书店出版社, 2015), p.1157; 黎志添, 「清代四種《呂祖全書》與呂祖扶乩道壇的關係」, 『中國文哲研究集刊』 42 (2013), p.190.

대 초기 사이다.[45]

그런데 또 다른 여조 신앙인인 서태극(徐太極)이『팔품선경』을『전팔품선경(前八品仙經)』이라는 이름으로 바꾸고, 임강 지역에서 강필로 받았던『여조부우연정경화선설수선증진환단비묘선경(呂祖孚佑演正警化宣說修仙證眞還丹祕妙仙經)』이라는 긴 이름의 경전을『후팔품선경(後八品仙經)』으로 부르기 시작했다.[46]『후팔품선경』은 진위 논란에 휩싸여 우여곡절을 겪기도 했지만, 차차 그 가치를 인정받기에 이르렀다. 그러므로 지금은 처음의 합본인『팔품선경』을『전팔품선경』으로 부르는 것이 일반화되어 있다.

이 외에도 또 다른 지역의 여조 신앙인들이 여동빈의 계서를 더 만들고 있었는데, 그 가운데 하나의 작업이 청나라 강희 18년(1679)을 전후로 한 시기부터 강희 41년(1702) 사이에 호북성 강하현[江夏縣城, 武漢市 武昌區] 함삼궁(涵三宮, 또는 涵三壇, 涵三道院이라고도 함)에서 이루어지고 있었다.[47] 이들이 강필로 받은 계서가『함삼어록(涵三語錄)』이었고, 이 서적에 도전께서 여동빈을 인용하여 훈시하셨던 '신병가약(身病可藥) 심병난의(心病難醫)'의 문구가 실려 있다.

▌『여조전서』의 간행

이상에서 보았듯이, 명대 후기부터 청대 사이에는 여동빈을 신앙하는 사람들이 곳곳에서 강필로 여조의 가르침을 담은 도교 경전들을

---

45 黎志添, 위의 글, pp.190-191.
46 같은 글, p.191.
47 같은 글, pp.187-189.

만들고 있었다. 18세기에 접어들자, 여동빈을 흠모하고 있던 유체서(劉體恕)란 사람이 등장하여 광릉 만점의 집선루와 강하의 함삼궁을 비롯하여 호북 무창(武昌)의 옥황각(玉皇閣), 소주(蘇州)의 옥단(玉壇), 호주(湖州)의 운소정사(雲巢精舍)와 운이초당(雲怡草堂), 송강(松江)의 옥청단(玉淸壇) 등지의 여조를 신앙하는 도교 단체[呂祖乩壇]를 두루 방문하여 계서들을 휘집(彙集)하고, 또 옛날부터 전해오고 있던 여동빈의 일부 서적까지 추가하여 건륭 9년인 1744년에 32권 본의『여조전서』를 처음으로 간행하였다.[48] 실제 출판은 여기에 불교 서적인『선종정지(禪宗正指)』가 부록으로 1권 추가된 33권 본 형태였다.『여조전서』의 출판에 참여한 이들은 유서체 외에도 황성서(黃誠恕), 유윤성(劉允誠), 유음성(劉蔭誠) 등이었는데, 이들은 여동빈을 신앙하는 일단의 유교 지식인들이었다.[49]

유체서 등에 의해 1744년에 처음 간행된『여조전서』는 1775년에는 64권 본으로 그 분량이 늘어나 재간행되었다. 그 후에는 다시 18권 본의『여조전서종정(呂祖全書宗正)』이라는 이름으로 소주 지역에서 세

48　같은 글, p.187, pp.190-196, p.212; 32권 본『여조전서』에 실린 도경 목록은 다음과 같다: 卷一『呂祖本傳』, 卷二『靈應事跡』, 卷三・四・五『文集』, 卷六『指佞篇』, 卷七『忠誥』, 卷八『孝誥』, 卷九・十『前八品仙經』, 卷十一『後八品仙經』, 卷十二『五品仙經』, 卷十三・十四・十五『淸微三品經』, 卷十六・十七・十八『參同經』, 卷十九『聖德諸品經』, 卷二十『金丹直指諸品經』, 卷二十一『醒心經』, 卷二十二『度厄救劫救苦滌氛四神經』, 卷二十三『雪過修眞懺』, 卷二十四『玉樞經贊』, 卷二十五・二十六『葫頭集』, 卷二十七『涵三雜詠』, 卷二十八『涵三語錄』, 卷二十九・三十『修眞傳道論』, 卷三十一『敲爻歌沁園春注解』, 卷三十二『呂祖誥』.

49　리즈텐은 여조신앙 집단과『여조전서』의 출현에 전진교나 정일교 등 기존 중국 도교 도사들이 관여하지 않았음을 이유로 들어, 이것을 새로운 도교의 등장으로 평가한다. 같은 글, p.187, p.212.

번째로 발행되었다가(간행년 미상), 가경 8년(1803)에 북경의 여조신앙 난단도교 교단인 각원단(覺源壇)의 장여포(蔣予蒲, 1756-1819)가 16권 본으로 해서 동명(同名)의 『여조전서정종(呂祖全書正宗)』을 또 간행하였다.[50]

김윤수는 장여포의 16권 본 『여조전서정종』이 간행된 시기가 1803 년이 아니라 1801년이며, 서적의 이름도 『여조전서종정집성(呂祖全書 宗正集成)』이라고 말한다.[51] 사실관계를 확인하기는 어렵지만, 어쨌든 1744년 최초 발간 이후 『여조전서』는 단독으로 혹은 총서(叢書)에 흡수된 상태로 여러 차례 간행된 것은 분명하다. 지금도 『여조전서』는 1744년의 32권 본, 1775년의 64권 본, 36책의 『장외도서(藏外道書)』가운데 7책에 들어가 있는 형태(32권 본), 20책의 『중화속도장(中華續道藏)』(1982) 가운데 19번째(32권 본)와 20번째 책(64권 본)에 들어가 있는 형태[52] 등 여러 가지로 전해진다.

▌『여조전서』의 유통

『여조전서』는 일부가 발췌되고 다른 경들과 뒤섞여 출판되기도 했다. 함풍 원년(1851)에 간행된 『여조휘집(呂祖彙集)』이 하나의 사례인데,

---

50 같은 글, pp.183-184.

51 김윤수, 「『도장집요(道藏輯要)』와 장여포(蔣予蒲)」, 『도교문화연구』 17 (2002), p.296.

52 『중화속도장』의 18책·19책·20책에는 여동빈 저서들이 수록되어 있다. 이 가운데 19책의 목록은 『여제문집(呂帝文集)』·『여제시집(呂帝詩集)』·『순양 선생시집(純陽先生詩集)』·『여조연보(呂祖年譜)』·『여조전서(呂祖全書)』33권 본(32권 본에 부록 1권)·『여조휘집(呂祖彙集)』이고, 20책의 목록은 『여조전서』 64권 본이다.

이 문헌의 권7과 권8은 '내정'의 전거인『전팔품선경』이고, 권29는 '신병가약 심병난의'의 출전인『함삼어록』이다.

『여조전서』를 기본으로 한 여동빈 서적 모음집 출판은 한국에서도 이루어졌다. 고종 연간에 서울을 중심으로 강계로써 경전을 만들어 활동했던 무상단(無相壇)[53]의 도사 청련자(淸蓮子) 유운(劉雲, 1821-1886)[54]이 1881년에 32권 본의『여조전서』일부와 도교 자료들을 편집하여 8권 분량의『중향집(衆香集)』[55]을 간행하였던 것이 그 한 사례다.『중향집』의 권3에는 '내정'의 전거『팔품경』(『여조전서』의『전팔품전경』)이, 권5에는 '신병가약 심병난의'의 전거『함삼어록』이 수록되어 있다.

앞서 언급한 대로, 대순진리회의 내정 명칭과 관련이 있다고 알려진 문헌에는 '用法求道 求道不亂 以道求仙 仙亦甚易'라는 문구를 실은「논진선 제일」이 포함되어 있어야 한다.『여조휘집』과『중향집』에는 이게 없다. 따라서 이 두 문헌은 대순진리회의 원로 임원들이 언급했던 서적들이 아니다. 이 문구를 포함하면서 '내정'의 출전『전팔품선경』, 그리고 '신병가약 심병난의'의 출전『함삼어록』을 동시에 수록한 문헌은 오직『여조전서』뿐이다. 대순진리회의 내정 명칭과 관련이 되는 문헌을『여조전서』로만 보아야 하는 이유다.

---

53 종교 공동체 무상단에는 북학파 경화세족 일부가 포함되어 있었지만, 관왕묘 도사들이 주축을 이루었기 때문에 도교적인 성격을 강하게 띠고 있었다. 이에 대해서는 다음을 참고하라. 김윤수,「고종시대의 난단도교」,『동양철학』30 (2008); 김윤경,「19세기 조선 최초의 교단 도교, 무상단(無相壇) 연구:『문창제군몽수비장경』을 중심으로」,『한국철학논집』63 (2019).

54 유운은 불교 거사이면서 도교 도사이기도 했다. 그의 활동에 대해서는 다음을 참고할 수 있다. 김윤수, 같은 글, pp.58-60, pp.80-84.

55 '중향(衆香)'은 여동빈의 호다.

다만 『여조전서』라도 출판 형태가 다양하여, 어떤 판본으로 언제
출판된 『여조전서』가 직접적인 전거가 되었는지는 확정할 수 없다.
추정하자면, 중국 도교에서 가장 중요하다고 인정받고 영향력이 큰
『여조전서』는 1744년에 처음 간행된 32권 본이라는 사실,[56] 중국에
도 64권 본보다 32권 본의 출판이 더 많았다는 사실, 국내 유통 고서를
수집·보관하는 가장 권위 있는 기관인 국립중앙도서관과 규장각에
소장된 『여조전서』 3종 가운데 2종이 32권 본이라는 사실[57]을 감안하
면, 대순진리회의 내정과 관련이 있는 문헌은 32권 본의 『여조전서』
일 가능성이 높다.

4. 구사반내정(龜蛇盤內庭)

4-1. 「오행단효」와 오언절구의 주문

▎『전팔품선경』 속의 「오행단효」 '품제이' 내용

중국으로부터 들어온 『여조전서』 가운데 『전팔품선경』이 있었고,
『전팔품선경』 속의 「오행단효」 '품제이'에는 '내정'이라는 단어가 등
장한다. 『전팔품선경』은 인간이 내단 수련을 통해 신선이 되는 과정

---

56 黎志添, 앞의 글, p.184.
57 국립중앙도서관 소장 『여조전서』는 1886년 상담숭선당(湘潭崇善堂)에서 출
   판한 것이다. 이 『여조전서』는 32권 본에다가 卷三十三 『靈寶畢法』, 부록으로
   『선종정지(禪宗正指)』라는 불교 서적 1권까지 더해져서 총 34권 분량이다. 규장
   각에는 32권 본(1868)과 18권 본(1879)의 『여조전서』가 각각 보관되어 있다.

을 8개의 단계[八品]로 설명한 것이다. 그 두 번째 단계[二品]가 오행단효(五行端孝)를 설명한 「오행단효」 '품제이'다. '단효(端孝)'란 예의(禮儀) 바른 효행(孝行)을 뜻하고, '오행단효'란 인체 내에서 수화를 포함하는 오행의 움직임을 단련하여 단(丹)을 만들 때는 반드시 효를 먼저 행해야만 함을 의미한다.

「오행단효」 '품제이' 속에 들어있는 '내정'의 문맥을 파악하려면, 그 전체 내용을 알아야 한다. 하지만 글의 분량 문제를 고려하여 「오행단효」 '품제이'의 전체 원문과 해석은 부록으로 옮기고, 여기에서는 줄거리만 간추려본다.

(여동빈이 말하기를) "나는 도를 구한 끝에 드디어 신선이 되어 백성을 구제하며 다니고 있었다. 그러다가 하늘로부터 눈먼 중생을 제도하라는 명을 받게 되었다. 기(氣)를 보존하고 정(精)을 기르고 신(神)을 지켜 진(眞)을 깨쳐야 신선의 세계에 올라가건만, 그러나 여기에 관심이 있는 중생이 얼마나 되랴! 그래도 중생을 위해 그 방법을 알려주리니, 무릇 허망함에 빠지지 말고 명(命, 腎, 水)과 성(性, 乾)을 구하고 정기신(精氣神)을 굳건히 단련하라. 원기(元氣)가 나뉘어 양의(兩儀)가 되고 이로부터 모든 변화가 일어나니, 오행도 거기에서 나온 것이다. 오행은 곧 성(性)·정(情)·기(氣)·신(神)이고, 그 변화의 도는 수화(水火)의 변화에 달려 있다. 그러므로 몸 안의 수화(水火)를 연단(鍊丹)하여 성(性)과 정(情)을 다스리면 기(氣)와 신(神)을 얻는다. 그러나 이 방법으로 신선이 되고자 한다면, 반드시 먼저 인도(人道)를 실천해야만 한다. 어버이는 거북과 뱀이 서로

휘감듯 둘러[龜蛇盤旋] 포태(胞胎)하여 나의 육신을 낳아 기르고 성(性)과 정(情)을 건네준 분들이니 건곤(乾坤)과 다를 바 없다. 그러므로 마땅히 먼저 어버이를 공경하고 그 은혜에 보답해야만 한다. 몸 안의 수화(水火) 두 기운을 순환시켜 인체의 오행을 단련하기에 앞서, 먼저 효를 으뜸으로 삼아야 한다[五行端孝]. 그렇지 않다면 뇌부(雷府)로부터 벼락을 내리는 형벌이 있을 것이다. 이제 중생들은 유불도 삼교(三敎)의 법이 서로 다른 게 아님을 깨닫고, 내가 전하는 수련법을 지극히 하여 장생(長生)을 이루도록 하라." 여동빈은 이와 같은 말을 마치고 나서 오언절구(五言絶句)로 된 주문[咒=呪]을 낭랑히 읊고 수레에 몸을 실어 하늘로 올랐다.

▌ 오언절구의 주문

'내정'은 여동빈이 가르침을 준 뒤에 하늘로 오르기 직전 읊었던 오언절구의 주문 속에 있다.

即說咒曰, 北一天地精, 普化於萬靈, 乾坤能轉軸, 龍虎潛眞蹤, 六魔以消盪, 三元景燦明, **烏兎結中谷, 龜蛇盤內庭**, 遊行超宇宙, 掌握回死生, 驅掣雷電光, 鬼怪悉潛形, 敢有違逆者, 劈體如纖塵, 慧光所照處, 災厄悉和平, 敬受而誦讀, 名奏於天宮.

그러고는 곧 주문을 읊었다. "북일(北一)은 천지의 정수여서 온갖 영(靈)들이 두루 화(化)하도록 한다. 건곤은 능히 축(굴대)을 돌리니, 용호(龍虎)는 참된 종적[眞蹤]에 잠겨 드는구나. 육마(六魔)는 그로써 소탕되어 삼원(三元)[58]의 경관이 찬란하도다. **까마귀와 토끼**

[烏兔]는 가운데 골짜기[中谷]에서 모이고, 거북과 뱀[龜蛇]은 내정 (內庭)에서 휘감는다. (이들이) 움직이고 나아감은 우주를 뛰어넘는 것이요, (이들이) 손에 쥔 것은 죽음과 삶을 돌리는 것이다. (이들이) 몰아서 끌어당기는 것은 번갯불이니, 귀신과 요괴는 모두 숨어버리게 된다. 감히 (귀신과 요괴가) 거역한다면 몸을 쪼개 버리기를 산산이 부서진 티끌처럼 하리라. 지혜의 빛이 이르는 곳마다 재앙은 사라지고 모두가 다 화평해지리라. 공손히 받들어 읊어 읽으니, 이름이 하늘의 궁궐에 도달하는 도다.”

이것은 크게 세 부분으로 나누어 살필 수 있다. 첫째 부분은 '북일천지정(北一天地精), 보화어만령(普化於萬靈)'이다. 북일(北一)은 북두칠성일 수도 있지만, 이 문맥에서는 만물의 근원이 되는 북방의 일(一), 혹은 태일(太一)의 천존이 거주하는 자미원의 중심 북극성으로 이해할 수 있다. 이러한 북일로부터 이(二)가 나오고 삼(三)이 나와 만물이 자라나니[59] 온갖 영(靈)들이 화함을 얻는다는 것이 첫째 부분의 내용이다.

둘째 부분은 '건곤능전축(乾坤能轉軸), 용호잠진종(龍虎潛眞蹤), 육마이소탕(六魔以消盪), 삼원경찬명(三元景燦明), 오토결중곡(烏兔結中谷), 구사반내정(龜蛇盤內庭)'이다. 표면적으로 볼 때 이 구절은 신령한 동물들인

---

58 삼원(三元)의 뜻은 다양한데, 여기에서는 묘일(妙一)로부터 나타난 '혼동태무원(混洞太無元: 玉淸境)', '적혼태무원(赤混太無元: 上淸境)', '명적현통원(冥寂玄通元: 太淸境)'의 삼원, 혹은 천지인(天地人)의 삼원을 의미한다. 김승동, 『도교사상사전』(부산: 부산대학교 출판부, 2004), p.577; 종자오펑(편), 『도교사전』, pp.308-310.

59 道生一, 一生二, 二生三, 三生萬物. 『道德經』 제42장.

용과 호랑이[龍虎]가 웅장한 발걸음을 뽐내면서 마(魔)들을 쫓아내고, 까마귀와 토끼[烏兔]는 가운데 골짜기[中谷]에서, 거북과 뱀[龜蛇]은 안뜰[內庭]에서 자리를 잡은 모습을 나타낸다. 그러나 『전팔품선경』에서 이 신수(神獸)들은 천상의 궁궐을 지키는 존재라기보다는 내단 수련의 상징물로 묘사되는 존재들이다. 중곡이나 내정 역시 특별한 장소가 아니라 음양·심신(心神)·일월·수화의 어울림이라는 수화교구(水火交媾)의 경지나 상태를 상징한다. 즉, 내단술을 표현한 것이 둘째 부분의 내용이다.

셋째 부분은 '유행초우주(遊行超宇宙), 장악회사생(掌握回死生), 구체뢰전광(驅掣雷電光), 귀괴실잠형(鬼怪悉潛形), 감유위역자(敢有違逆者), 벽체여섬진(劈體如纖塵), 혜광소조처(慧光所照處), 재액실화평(災厄悉和平), 경수이송독(敬受而誦讀), 명주어천궁(名奏於天宮)'이다. 이 내용은 용호·오토·구사가 이리저리 다니면서 우주를 뛰어넘고 생사를 주관하니 귀신과 요괴가 사라지고 재앙이 없어진다는 것이니, 곧 수화교구의 내단술을 통하여 각종 마를 물리치고 신선으로 화함을 상징한다.

관심은 '내정'의 내용과 맥락을 파악하는 데 있으므로, 이 세 부분 가운데 둘째에 집중해야 한다. 다음 절에서 이를 들여다보자.

4-2. 수화교구(水火交媾)와 내정

▌내단의 수화교구

도교의 수행은 신선이 됨을 목표로 한다. 여기에는 외단(外丹) 즉 불사의 약[丹藥]을 먹는 방법과 내단(內丹) 즉 인체의 기를 단련하여 몸 안에서 스스로 단(丹)을 만드는 방법 두 가지가 있다. 외단법에서 단약은 납과 수은을 주요 재료로 사용하기 때문에 이를 잘못 만들고 잘못 복용하면 치명적일 수 있다. 실제로 당태종을 비롯한 많은 황제와 지식인들이 단약을 먹고 수은 중독으로 사망하였다.[60] 이런 부작용으로 인하여 당 후기부터 송대로 넘어가면서 도교의 수행은 내단법으로 기울어지게 된다. 그 시기는 여동빈이 수행하여 신선이 되고 본격적인 활동에 나선 때와 일치하는데, 전술한 대로 여동빈은 종리권과 더불어 내단의 이론적 기초를 확립한 것으로 인정된다.

이를 짧게 살펴보자면, 종리권과 여동빈은 인체의 심장을 화(火)로, 신장을 수(水)로 간주하고, 그 두 개의 화기(火氣)와 수기(水氣)가 왕복하고 사귀어야 장생을 이룬다고 주장한다. 구체적으로 심(心)은 리(離: ☲)·양룡(陽龍)·주사(朱砂), 신(腎)은 감(坎: ☵)·음호(陰虎)·연(鉛: 납)이라고 한다.[61] 용(龍: 靑龍)은 동방 목에 해당하는데 목은 화를 생하므로 인체 내의 용은 화(火)를 상징한다. 마찬가지로 호(虎: 白虎)는 서방 금에 해당하는데 금은 수를 생하므로 인체 내의 호는 수(水)를 상징한다.[62] 이런 이유로 내단학에서 용호(龍虎)는 인체 내의 수화(水火)를 의미하고, 이 두 기를 뽑아내 돌리며 형(形)·기(氣)·신(神)을 차례로 단련하고 도(道)와 합하면 도를 이룬다[道成]고 한다. 이를 위해 종리권과 여동빈은 심신(心腎)과 수화(水火)가 교구(交媾: 서로 어울림)하는 원리를 비롯한 여러 기초 이론을 고안했다.[63]

---

60 이원국, 앞의 책, pp.167-168.

61 이봉호, 앞의 글, pp.65-66.

62 戴源長, 『仙學辭典』(臺北: 眞善美出版社, 1978), p.161.

앞 절에서 보듯이 용호(龍虎)에 이어 등장한 오토(烏兎)가 모이는 곳이 '중곡'이고, 구사(龜蛇)가 휘감는 장소는 '내정'이다. '중곡'과 '내정'은 인체 내의 특정 부위나 위치를 상징하는 것이 아니라, 인체 속에서 수화를 단련함으로써 내단을 이루는 것을 상징적으로 나타낸 표현이다.

▌ 오토결중곡(烏兎結中谷)

먼저 '오토결중곡(烏兎結中谷)'을 살펴보자. 오토(烏兎)는 일월(日月)인 음양을 상징한다.[64] 즉 까마귀[烏]는 일(日) 속에 감추어진 음(陰)이며[日中之陰] 혼(魂)이다[日魂玉兎脂]. 토끼[兎]는 월(月) 속에 감추어진 양(陽)이며[月中之陽] 백(魄)이다[月魄金烏髓]. 그러므로 까마귀와 토끼[烏兎]가 한데 자리를 잡아 어울리면 혼백을 능히 제어할 수 있다고 한다.[65] 이것을 표현한 말이 바로 '까마귀와 토끼는 가운데 골짜기에서 모인다[烏兎結中谷]'라는 것이다. 그러니까 가운데 골짜기인 중곡은 일월인 음양이 모여 합해짐, 곧 음양합덕(陰陽合德)을 상징한다.

대순진리회에서 중곡과 관련하여 생각해 볼 것은 도전께서 부산 감천의 태극도장을 떠나 서울에 새로운 도장을 건립하신 장소의 이름이 '중곡(中谷)'이라는 점이다. 그 새로운 도장은 용마산 배꼽 바위 밑에

---

63 이봉호, 앞의 글, p.66; 종리권과 여동빈의 내단법에 대한 대략적인 고찰은 다음을 참고하라. 이원국, 앞의 책, pp.565-613.

64 동아시아에는 오래전부터 '해 속에 까마귀가 있고 달 속에 토끼가 있다(日中有烏月中有兎)'라는 전설이 내려왔다. 『呂祖全書』(32卷本) 卷十二 『五品仙經』 「煅鼎煉爐」 '品第三'도 烏兎를 日月의 상징으로 적고 있다(若道無烏兎, 烏兎乃名日月無象, 取象烏兎).

65 戴源長, 『仙學辭典』 (臺北: 眞善美出版社, 1978), p.56, p.126.

자리를 잡았으며 지금은 중곡도장(中谷道場)으로 불린다. 풍수로 보면 중곡도장은 여인이 아이를 낳는 은밀한 곳[中谷]의 형상을 한 터에 자리를 잡고 있는데(중곡도장 바로 위에 배꼽 바위가 있다), 음양론에서 여인은 음에 해당하므로 그 터도 음의 기운을 갖는 것으로 본다. 주변의 지세는 신령스러운 말이 음의 터를 감싸안는 형국이고, 말[午]은 양(陽)을 상징한다. 따라서 음(陰)인 중곡을 양(陽)인 말이 껴안고 어린 생명을 뱃속에 품고 있는 모양의 길한 땅으로 이해된다.[66] 이것을 용마포태혈(龍馬胞胎穴)이라고 부르고,[67] 이러한 곳에 자리를 잡으면 새로운 인재들이 무수하게 출현한다고 한다. 구체적으로는 문무를 겸비한 관원들이 끊임이 없이 나오고, 나라에 큰 공을 세워 부귀공명을 얻는 자손들이 많이 배출된다고 알려져 있다.[68] 이처럼 중곡도장은 풍수로 볼 때 음과 양이 결합된 형국 위에 자리를 잡았는데, 이것은 여동빈이 음양이 결합하는 상징을 '중곡'이라고 말한 것[烏兔結中谷]과 같은 맥락에 있는 것이어서 주목할 만하다.

▌ 구사반내정(龜蛇盤內庭)

다음으로 '구사반내정(龜蛇盤內庭)'을 살펴보자. 구(龜) 거북은 수를, 사(蛇) 뱀은 화를 상징한다. 그러므로 거북과 뱀이 합친다[龜蛇合體]는

---

66 Seon-Keun Cha, "Is Sacred Site Discovered? Or Created?: A Case Study of Daesoon Jinrihoe," in David W. Kim eds., *Scared Sites and Sacred Stories Across Cultures: Transmission of Oral Tradition, Myth and Religiosity* (Basingstoke: Palgrave Macmillan, 2021), pp.337-338.

67 대순진리회 교무부, 『종단 대순진리회(화보집)』 (서울: 대순진리회 출판부, 1999), p.12.

68 정관도, 『지리전도서』 (서울: 지선당, 2002), p.341.

것은 수와 화가 사귐으로써[水火交媾] 하나가 됨을 의미한다.[69] 구사만
이 아니라 용호도 수화를 상징한다. 『여조전서』에는 수화를 상징하는
용호와 구사가 동시에 등장하는 장면들이 여러 곳 보이는데, 그 가운
데 몇 개만 언급하면 다음과 같다.

우주는 황아(黃芽: 鉛의 정화로서 금단을 이루게 할 재료)를 낳고, 화
로는 단사(丹砂: 汞)를 만든다. 음양은 오채(五彩: 오행)를 불리고, 수
화(水火)는 삼화(三花: 精氣神)를 제련한다[水火煉三花]. 솥 안에 龍이
虎를 내려오게 하고, 항아리 안에 龜가 蛇를 풀어놓는다[鼎內龍降
虎, 壺中龜遣蛇]. 공이 이루어지면 속세를 벗어나게 되니, 자연히 즐
거운 연하(煙霞: 신선 세계)가 있게 된다.[70]

하늘은 원기(元氣)를 낳아 삼재(三才: 陰・陽・中和)로 변하니, 음
양이 교감하여 성태(聖胎: 金丹)를 맺는다. 龍虎가 순행하니 음귀(陰
鬼: 불사를 방해하는 陰)가 나가고, 龜蛇가 역행하니 화신(火神: 장생을
이루는 純陽)이 온다. 영아(嬰兒: 金丹)는 날마다 취해지는 것으로 황
파(黃婆: 精氣 운행을 다스리는 意念)의 정수이고, 타녀(妊女: 정제된 수
은)는 때때로 거두어지는 것으로 백옥(白玉: 純陽)의 잔이라. (수련을)
성공하면 자연히 신선 세계에 머물게 되는데, (이것을 모르는) 인
간들은 추위와 더위에 시달리며 윤회하며 산다.[71]

---

69 이도순, 『중화집(中和集)』, 박용철 옮김 (서울: 파라북스, 2017), p.211.

70 宇宙產黃芽, 經爐煅作砂. 陰陽烹五彩, 水火煉三花. 鼎內龍降虎, 壺中龜遣蛇.
功成歸物外, 自在樂煙霞. 『呂祖全書』(32卷本) 卷四「文集中」.

71 天生一物變三才, 交感陰陽結聖胎. 龍虎順行陰鬼出, 龜蛇逆往火神來. 嬰兒

소위 성(性)이라는 것은 목이며 홍(汞: 수은)이며 神이며 화이며 龍이며 蛇이다. 소위 정(情)이라는 것은 금이며 연(鉛: 납)이며 精이며 수이며 虎이며 龜이다. 비유해서 말하겠다. 神이 精을 돌리니 精은 氣로 변한다. 금으로 목을 다스리니 목이 재(材)가 된다. 龍을 휘몰아 虎를 쫓으니, 龍虎가 서로 사귄다. 이로써 心이 身을 감싸안으니, 心身이 합쳐서 크게 평안해진다. 이로써 情은 性으로 돌아오고, 性情은 화합하여 편안해진다. 이로써 鉛은 汞으로 돌아오고 鉛汞은 친밀해져 떨어지지 않는다. 이로써 龜는 蛇와 이어져 龜蛇가 휘감아 두른다[龜蛇盤旋].[72]

용호와 구사가 모두 수화를 상징하지만, 대개 내단술에서 용호는 인체 내의 수화가 서로 화합하여 들어가는 진입 과정과 그 이후의 단계를 지칭하고, 구사는 수화의 화합이 어느 정도 진전을 이루어 완성된 단계를 지칭한다는 데에서 미묘한 차이가 있다. 그러므로 여동빈이 말한 '구사반내정(龜蛇盤內庭: 구사가 내정에서 휘감는다)'은 내단학에서 구사로 상징되는 인체 내의 수화가 만남을 이룬 모습 혹은 그 경지를 '내정'으로 표현한 것으로 이해할 수 있다.

여동빈은 까마귀와 토끼의 만남[烏兎結]인 음양의 만남을 '가운데 골

日食黃婆髓, 姹女時餐白玉杯. 功滿自然居物外, 人間寒暑任輪廻. 『呂祖全書』(32卷本) 卷六 「指玄篇」.

72 所謂性者, 木也, 汞也, 神也, 火也, 龍也, 蛇也. 所云情者, 金也, 鉛也, 精也, 水也, 虎也, 龜也. 皆譬語也. 神運精, 則精化氣. 以金尅木, 則木成材. 驅龍就虎, 龍虎交歡, 以心伏身, 心身翕泰. 以情歸性, 情性和溶. 以鉛歸汞, 汞鉛膠漆. 以龜絡蛇, 龜蛇盤旋. 『呂祖全書』(32卷本) 卷九 『前八品仙經』 「誠悌導引」 '品第三'.

짜기[中谷]'라고 한 데 대비하여, 거북과 뱀의 만남[龜蛇盤]을 '안뜰, 안쪽 정원[內庭]'으로 읊었다. 음양의 만남과 수화의 만남은 다른 게 아니기 때문에, 중곡[가운데 골짜기]과 '내정[안뜰]'은 상징적 의미로서는 동일하다.

▌ 내정과 단전

안뜰인 '내정'이 구사합체(龜蛇合體)의 수화교구이므로, 이것은 여동빈이 말한 현관(玄關=玄牝)이나 장백단(張伯端)이 말한 신기혈(神氣穴)과 상응한다. 현관과 신기혈은 신선이 되기 위해 감리(坎離), 즉 수화의 정기를 인체 내에서 반드시 만나게 해야 하는 곳이다. 그러나 이들은 인체 내의 특정한 부위를 가리킨다기보다는 수화교구 자체를 상징하는 개념이다.[73]

현관과 신기혈 외에, 단을 단련하는 단전(丹田) 역시 수화교구를 나타낸다.[74] 단전에는 세 가지가 있다. 내단학은 이것을 인간의 몸 세 부분으로 나누어 설명하는데, 첫째는 머리 부분(혹은 양미간)의 상단전(上丹田)으로서 뇌를 의미한다. 이 속에는 높은 산봉우리가 있고 그 한가운데 호수가 있으며, 호수 속에는 9개의 방[九宮]을 가진 궁궐이 있고 거기에 니환구진(泥丸九眞)이라는 아홉 진인(眞人)이 산다고 한다. 둘째는 가슴 부위인 중단전(中丹田)으로서 그 속에는 일월(두 가슴)이 걸려 있고, 일월 사이에 구름(폐)이 덮여 있으며, 그 구름 밑에 붉은 궁전(심장)

---

73 자세한 내용은 다음을 참고하라. 김낙필, 「백옥섬의 도심불이론(道心不二論)」, 『마음의 인문학: 동서양의 마음 이해』(고양: 공동체, 2013), pp.264-265.
74 김승동, 앞의 책, p.209; 종자오펑(편), 앞의 책, pp.840-841.

이 하나 놓여 있고, 궁전 앞에는 황정(黃庭: 비장)이 있어 여러 의례가 이루어지며, 황정에서 나가면 큰 창고(위장)가 하나 놓여 있고, 그 너머로 숲(간장)이 있다고 한다. 셋째는 배꼽 아래인 하단전(下丹田)으로서 그 속에는 역시 일월(신장)이 걸려 있고 그 주변은 기해(氣海)라고 불리는 어마어마한 기의 바다가 펼쳐져 있으며, 그 안에서 거북[龜]이 유유히 헤엄친다. 바다 한가운데는 곤륜산(배꼽)이 솟아 있으며 그 끝은 명문(命門)으로서 생기의 근원이자 생명이 들어오는 문이다.[75] 그러니까 여동빈의 '내정'은 현관 및 신기혈과 아울러 이러한 세 개의 단전까지 동시에 상징하고 있다.

이것은 대순진리회의 단전과 비교될 수 있다. 『대순진리회 요람』에 의하면, 수도(修道)는 마음과 몸을 침착(沈着)하고 잠심(潛心)하여 상제를 가까이 모시고 있는 정신(精神)을 모아서 단전(丹田)에 연마하여, 영통(靈通)의 통일을 목적으로, 공경하고 정성을 다하는 일념(一念)을 스스로 생각하여 끊임없이 잊지 않고 지성으로 봉축(奉祝)하며, 정해진 주문을 봉송하는 것이다.[76] 즉, 대순진리회에서 단전은 신앙의 대상인 '상제님'을 영시(永侍)하는 정신을 모으고 연마하는 곳이다. 여동빈의 '내정'은 단전으로서 수도를 상징하고, 대순진리회의 단전도 수도를 상징하지만, 대순진리회의 경우 최고신 '상제님'에 대한 신앙이 극도로 강조되고 있다는 데에서 일정한 차이가 있다.

<hr>

75 김승혜, 「신비주의 시각에서 본 도교」, 『한국도교문화의 초점』(서울: 아세아문화사, 2000), pp.533-534.

76 대순진리회 교무부, 『대순진리회 요람』(서울: 대순진리회 출판부, 1969), pp.15-16, p.18.

5. 소결: 여동빈의 '내정'과 대순진리회의 내정

지금까지 대순진리회의 '내정(內庭)'이라는 건물 명칭이 도교의 내단학 전통, 구체적으로는 『여조전서』에 전거를 두고 있음을 확인하였다. 원로 임원들의 구술 증언과 문헌 탐색을 통해 밝혀진 『여조전서』의 '구사반내정(龜蛇盤內庭)'이라는 구절이 그 핵심이다. 하지만 '내정'이라는 용어가 공유되고 있음에도 불구하고, 여동빈이 설파한 도교적 맥락의 '내정'과 대순진리회에서 실제 운용되는 내정 사이에는 공간적 성격, 기능적 위상, 그리고 수행론적 함의에서 분명하고도 중대한 차이가 존재한다.

첫째, 가장 직관적인 차이는 내정이 지칭하는 공간의 물리적 실체성과 상징성의 층위에서 발견된다. 대순진리회의 내정은 물리적 실체를 가진 건축물이다. 반면, 여동빈의 내정은 물리적인 건물이 아니다. 그가 말한 내정은 인체 내부의 연금술적 공간, 즉 내단 수련 과정에서 수(水)와 화(火)가 교구(交媾)하는 신체 내의 추상적이고 상징적인 위치를 의미한다. 여동빈에게 내정은 거북[龜]과 뱀[蛇]으로 표상되는 수화(水火)의 기운이 휘감아 도는[盤] 신체적·영적 상태를 묘사한 것이지, 지상의 특정 건물을 지칭하는 것이 아니다. 대순진리회의 내정이 '치소(治所)'라는 통솔의 공간성을 점유한다면, 여동빈의 내정은 '수련의 경지'로서의 위상성을 점유한다는 데에서 차이가 있다.

둘째, 공간이 내포하는 기능과 권위의 성격에서도 확연한 차이가 드러난다. 대순진리회의 내정은 '궁궐 안쪽'이라는 전통적인 유교적·정치적 의미의 내정 개념을 강하게 투영하고 있다. 역사적으로 내정은 임금이 거처하며 정무를 보는 내조(內朝)를 의미했다. 대순진리회는 이 개념을 받아들여 내정을 종단의 운영 전반을 감독하고 지시하는 조타실과 같은 중추적 기관으로 설정하였다. 이곳은 신명을 모시는 제의적 공간[靈臺]과는 구별되며, 종통을 계승한 도전의 권위와 통솔력이 발휘되는 행정적·정치적 중심지다. 반면, 여동빈의 텍스트에서 내정은 철저히 개인의 구원과 신선 실현을 위한 내밀한 수행의 장이다. 여기서 내정의 주체는 통치자가 아니라, 수행자의 몸 안에서 결합해야 할 '용호(龍虎)'와 '구사(龜蛇)'다. 여동빈의 내정은 내부 세계를 향한 응축과 단련이 이루어지는 곳이라는 의미다. 따라서 대순진리회의 내정이 '다스림[통솔, 治]'의 기능을 수행한다면, 여동빈의 내정은 '됨[成]'의 과정을 담고 있다.

셋째, 수행론적 관점에서 볼 때 단전과 연결되는 맥락이 서로 다르다. 여동빈의 내단술에서 내정은 구사(龜蛇)가 합일하는 곳으로, 이는 곧 하단전(下丹田)이나 현관(玄關)을 상징한다. 이곳은 기해(氣海)이자 생명의 근원으로서, 기계적이고 생리적인 기(氣)의 운용이 중시되는 공간이다. 그러나 대순진리회에서 말하는 단전과 내정의 관계는 이와는 다른 양상을 띤다. 대순진리회에서 단전은 '상제님'을 모시는 정신을 모아 연마하는 곳이다. 여동빈이 신체 내부의 기적(氣的) 메커니즘을 강조했다면, 대순진리회는 신앙의 대상인 '상제님'에 대한 '경(敬)'을 단전에 집중시키는 심성적·종교적 태도를 강조한다. 비록 '내정'이라는 용어가 여동빈의 내단술 텍스트에서 유래했다 하더라도, 대순진리회는 이를 그대로 답습하기보다는 '상제님' 신앙을 중심으로 한 독자적인 수도론 안에서 재해석하고 있다. 즉, 대순진리회의 내정은 기 수련 장소가 아니라, 천지공사를 주재한 증산의 유지(遺志)를 계승하여 지상신선을 실현하려는 종교적 목적성이 집약된 성소(聖所)로 승화된 공간이다.

정리하자면, 대순진리회가 '내정'이라는 명칭을 전유한 방식은 창조적 변용이라 할 수 있다. 대순진리회는 '내정'이라는 용어에서 두 가지 층위의 권위를 동시에 취하였다. 하나는 유교적 층위로서 전통적인 왕조 국가의 중심부를 뜻하는 '궁궐 내정'의 정치적 권위다. 다른 하나는 도교적 층위로서 신선이 되기 위한 묘결(妙訣)이 숨겨진 '수화교구 내정'의 영적 권위다. 전자가 도전이라는 종단 지도자의 통솔 위상을 확립하는 데 공헌한다면, 후자는 도인들의 궁극적 목표인 도통과 지상신선 실현이라는 종교적 이상을 공간적으로 상징하는 데 공헌한다.

제3부

영대와 내정이 나란히 있을 때

1. 진법주(眞法呪)의 공간화

대순진리회 도장에 있는 두 개의 건물 영대와 내정은 나란하게, 또는 아주 가깝게 자리를 잡고 있다. 이 지리적 인접성은 아래 진법주(眞法呪)와의 강력한 연관성을 시사한다.[1]

<그림 1> 여주본부도장의 영대와 내정 위치
(지도: Google Earth)

구천응원뇌성보화천존강성상제하감지위(九天應元雷聲普化天尊姜聖上帝下鑑之位)

조성옥황상제하감지위(趙聖玉皇上帝下鑑之位)

서가여래하감지위(釋迦如來下鑑之位)

명부시왕응감지위(冥府十王應感之位)

오악산왕응감지위(五岳山王應感之位)

사해용왕응감지위(四海龍王應感之位)

사시토왕응감지위(四時土王應感之位)

관성제군응감지위(關聖諸君應感之位)

---

1 차선근, 「대순진리회 상제관 연구 서설 (Ⅱ): 15신위와 양위상제를 중심으로」, 『대순사상논총』 23 (2014), p.247.

칠성대제응감지위(七星大帝應感之位)

직선조하감지위(直先祖下鑑之位)

외선조응감지위(外先祖應鑑之位)

칠성사자내대지위(七星使者來待之位)

우직사자내대지위(右側使者來待之位)

좌직사자내대지위(左側使者來待之位)

명부사자내대지위(冥府使者來待之位)

천장길방(天藏吉方)하야 이사진인(以賜眞人)하시나니 물비소시

(勿秘昭示)하사 소원성취(所願成就)케 하옵소서

진법주에는 총 15개의 신위(神位)가 등장한다. 이 신위들을 각각 '…지위(之位)' 즉 '어떠어떠한 위(位)'라고 표기된다. 위(位)의 첫째는 '하감(下鑑)'이다. 이것은 높은 존재가 인간들을 굽어살핀다는 의미로서,[2] 구천상제·옥황상제·서가여래·직선조의 신위가 여기에 해당한다. 둘째는 '응감(應感)'인데, 원래 불교에서 응감은 중생이 신불(神佛)에게 기도하여 감응하는 것을 뜻한다.[3] 진법주의 '응감'도 천지신명이 인간의 정성과 기국에 따라 '응(應)'한 뒤에 그 인간의 하는 바에 따라 호위한다든지 일을 잘하도록 돕는다든지 하여 일정한 영향력을 행사한다['감(感)']는 의미로 이해될 수 있다.[4] 이에 해당하는 신위는 명부

---

2 김승동, 『불교·인도사상사전』(부산: 부산대학교출판부, 2001), p.2209 참조.

3 한국불교 대사전 편찬위원회, 『불교대사전』4 (서울: 명문당, 1999), p.308; 가산불교문화연구원, 『伽山佛教大辭林』(서울: 가산 불교문화연구원 출판부, 1998), p.304.

4 '感'에는 감동하다는 뜻 외에 서로 영향을 준다는 의미가 있다. 단국대학교 동

시왕·오악산왕·사해용왕·사시토왕·관성제군·칠성대제·외
선조이다. 셋째는 '내대(來待)'이다. 이것은 말 그대로 '와서[來]' 명령
을 수행하기 위해 '대기[待]'하고 있다는 의미로, 칠성사자·우직사자
·좌직사자·명부사자의 신위가 여기에 해당한다.[5]

영대의 신단 배치는 바로 이 15 신위로 이루어진다. 제1부에서 보
았던 <그림 20>, 즉 영대에 모셔져 있는 신들을 다시 떠올려보자.

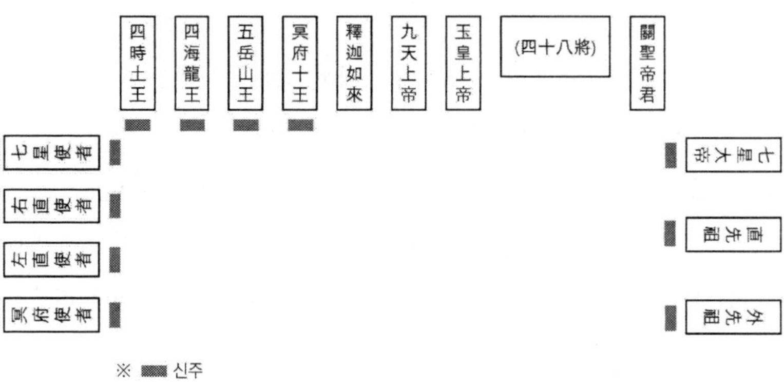

여기에서 48장은 여주본부도장 영대에만 모셔져 있다. 이분들은
'상제님'을 측근에서 호위하는 직속 신장들로 여겨진다. 48장을 제외
하고는 진법주의 15 신위가 그대로 모셔져 있다. 이 15 신위가 대순진
리회에서 배례를 받는 '직접적' 대상이다. 15 신위는 다시 네 그룹으
로 나뉘니, 구천상제·옥황상제·서가여래는 원위(元位), 명부시왕·

양학연구소(편), 『漢韓大辭典』 5 (서울: 단국대학교 출판부, 2003), p.622.
5 차선근, 앞의 글, p.246.

오악산왕·사해용왕·사시토왕은 재위(再位), 관성제군·칠성대제·직선조·외선조는 삼위(三位), 칠성사자·우직사자·좌직사자·명부사자는 사위(四位)로 분류된다. 한마디로 말하자면, 대순진리회의 신전 영대는 진법주의 15 신위를 그대로 모신 곳이다.

진법주에는 15 신위 외에 하나가 더 덧붙여져 있다. 그것은 '천장길방하야 이사진인하시나니 물비소시하사 소원성취케 하옵소서'에 등장한다. 이 문구는 '하늘에서 길한 자리를 감추어서 진인에게 주시나니, 부디 숨기지 마시고 보여주시어 소원을 다 이루도록 해 주십시오'라는 뜻으로서, 일종의 발원문(發願文)에 해당한다. '하늘이 감춘 길한 자리'는 도장이 설 자리를 의미한다. 그러니까 '상제님'을 비롯한 천지신명을 모시고 치성을 올리고 수도를 하는 공간인 도장이 바로 대순진리회가 말하는 '천장길방'이다. 하늘은 천장길방을 진인에게 준다. 즉, 진인께서 도장을 세운다. 바로 이 진인이 15 신위에 따라오는 특별한 존재다.

그렇다면 '진인(眞人)'은 누구인가? 대순진리회에서 진인은 도주를 의미한다고 본다.[6] 그런데 도전께서도 진인이라는 내부 고백이 있다. 대순진리회 원로 임원들의 증언에 의하면, 1956년경 도주께서는 임원들에게 "내가 진인(眞人)을 못 찾을까 봐 한하였으나, 이제 (진인-우당을) 찾았으니 너희들은 마음 놓고 도를 믿어라."고 하교했다고 한다. 도전께서도 진법주의 진인이 바로 당신임을 임원들에게 알렸다고 전해진다.[7] 진인은 도주와 도전 두 분인 것으로 믿어지지만, 도주께서는

---

6 같은 글, pp.275-276.
7 같은 글, p.247.

영대 안에 15 신위의 하나인 '조성옥황상제'라는 신격으로 이미 봉안되어 있다. 그렇다면 진법주 15 신위 밖에 존재하는 진인은 도전으로 보아야 한다.

정리해 보자. 대순진리회 세계에서 진법주에는 '상제님'과 도주-정산(조성옥황상제)을 포함하는 15 신위, 그리고 진인 도전께서 등장하는 것으로 믿어진다. 그러니까 '15 신위 + 진인'의 형태를 보여주는 것이 바로 진법주다. 15 신위는 영대에 모셔져 있다. 진인께서는 영대 바로 옆 내정에 기거하면서 종단을 통솔하고 운영한다고 본다.

<표 1> 진법주의 15 신위와 진인이 각각 거주하는 영대와 내정

2. 영대와 내정, 구대(龜臺)와 구사대(龜蛇臺)

2-1. 영대는 구대(龜臺), 내정은 구사대(龜蛇臺)

▌영대는 구대(龜臺)

여동빈도 '영대'와 '내정'에 대해 언급한 적이 있다. 『여조전서』 권 18 『참동경(參同經)』「첨예성두장(瞻禮星斗章: 북두를 우러러보고 예찬하는 장)」을 보자.

오직 고상하고 현명한 선비라야 북두칠성이 자신을 주관하는 별[本命星斗][8]이 무엇인지 먼저 알고 그것을 자기의 몸에 잘 운용한 다. 그렇게 하는 까닭은 (그 별이) 도를 깨닫게 하고 진(眞)을 이루어 주기 때문이다. 그러나 자질이 뛰어난 자[上根]라야 가히 그것을 말할 수 있고, 또 오직 자질이 뛰어난 자라야 능히 그것을 행할 수 있다. 북두칠성이 내 한 몸에 머무는 이유는 무엇인가? 대개 <u>백옥으로 만든 구대(龜臺: 거북 좌대)는 내 마음의 영대(靈臺)이고</u>, 신령스러운 해태[神獬]의 자리[寶座]는 일심(一心)의 신기한 조화이다. 선기

---

8 『북두치법무위경』에 의하면 북두의 제1성 탐랑은 자년생(子年生)을, 북두의 제2성 거문은 축해생(丑亥生)을, 북두의 제3성 녹존은 인술생(寅戌生)을, 북두의 제4성 문곡은 묘유생(卯酉生)을, 북두의 제5성 염정은 진신생(辰申生)을, 북두의 제6성 무곡은 사미생(巳未生)을 각각 주관한다. 第一, 天樞名魁, 字貪狼, … 子生人屬之. 第二, 天任名魁, 字巨門, … 丑亥生人屬之. 第三, 天柱名魑, 字祿存, … 寅戌生人屬之. 第四, 天心名魁, 字文曲, … 卯酉生人屬之. 第五, 天禽名魑, 字廉貞, … 辰申生人屬之. 第六, 天輔名魁, 字武曲 … 巳未生人屬之. 第七, 天衝名魑, 字破軍 … 午生人屬之 …. 『道藏』 卷十八,「北斗治法武威經」(上海: 上海書店, 1988), p.695.

(璇璣: 북두칠성) 옥부(玉府)는 곧 이 일심이 신령하고 영험하다는 것
이니, 왜냐하면 오행의 기[五炁]란 것을 운반하고 부리는 까닭일 뿐
이니라![9]

이에 따르면 구대(龜臺) 즉 거북의 자리는 '영대(靈臺: 인간의 마음)'다.
마음 영대가 일심이 되면, 신령한 해태와 같은 신묘한 조화(造化) 능력
이 발휘된다. 본래 해태는 시비곡직을 판별하는 영물이지만, 이 문맥
에서는 내면의 삿된 잡념을 물리쳐 일심(一心)을 유지하게 하는 마음의
신령한 작용을 상징한다. 즉, 해태가 악을 가차 없이 물리치듯 마음이
사사로움 없이 깨어 있어야 비로소 일심의 조화(造化)를 부려 북두칠
성으로부터 오행의 기를 전해 받는다는 것이다.
　여동빈은 천문의 영역에 있는 '구대'와 '해태'를 인간 내면의 '영대
[마음]'와 '일심'으로 치환하여 해설했으므로, 그가 말한 '영대'란 일심
의 조화[해태]를 갖추어 천지와 감응하는 살아있는 '구대(龜臺: 거북의 자
리)'에 해당한다.

▌ 내정은 구사대(龜蛇臺)

제2부에서 이미 언급했듯이, 여동빈은 '내정'에 대해서도 말한 바
있다.

9　惟高明之士, 先認本命星斗, 不離一身運用, 所以了道成真. 然此止可爲上根
　言之, 亦惟上根能行之. 何以北斗只在一身? 蓋白玉龜臺, 即吾心之靈臺, 神獬
　寶座, 即一心之神化也. 璇璣玉府, 即此心之虛靈, 所以運役五炁者耳!『呂祖
　全書』(32卷本) 卷十八『參同經』「瞻禮星斗章第三十一」.

(여동빈이) 그러고는 곧 주문을 읊었다. "북일(北一)은 천지의 정
수여서 온갖 영(靈)들이 두루 화(化)하도록 한다. 건곤은 능히 축(굴
대)을 돌리니, 용호(龍虎)는 참된 종적[眞蹤]에 잠겨 드는구나. 육마
(六魔)는 그로써 소탕되어 삼원(三元)의 경관이 찬란하도다. 까마귀
와 토끼[烏兎]는 가운데 골짜기[中谷]에서 모이고, **거북과 뱀[龜蛇]
은 내정(內庭)에서 휘감는다.** (이들이) 움직이고 나아감은 우주를 뛰
어넘는 것이요, (이들이) 손에 쥔 것은 죽음과 삶을 돌리는 것이다.
(이들이) 몰아서 끌어당기는 것은 번갯불이니, 귀신과 요괴는 모두
숨어버리게 된다. 감히 (귀신과 요괴가) 거역한다면 몸을 쪼개어
버리기를 산산이 부서진 티끌처럼 하리라. 지혜의 빛이 이르는 곳
마다 재앙은 사라지고 모두가 다 화평해지리라. 공손히 받들어 읊
어 읽으니, 이름이 하늘의 궁궐에 도달하는 도다."[10]

'거북과 뱀이 내정에서 휘감는다(얽혀있다)'라는 말은 인간이 신선이
되는 모습과 그 경지를 상징적으로 표현한 것이다. 제2부에서 밝힌 대
로 이 구절은 내단술에서 인체 내에 존재하는 수기(水氣: 거북[龜])와 화
기(火氣: 뱀[蛇])가 조화되어[交媾] 신선으로 등극하는 모습, 그리고 그 일
이 일어나는 몸속의 현관(玄關), 신기혈(神氣穴), 단전(丹田)을 상징한다.
　'내정'이 거북[龜]과 뱀[蛇]이 휘감은 자리[臺]라는 게 여동빈의 설명
임을 고려하면, '내정'은 구사(龜蛇)의 자리[臺], 즉 구사대(龜蛇臺)로 표

10　即說咒曰, 北一天地精, 普化於萬靈, 乾坤能轉軸, 龍虎潛眞蹤, 六魔以消盪, 三
　　元景燦明, 烏兎結中谷, 龜蛇盤內庭, 遊行超宇宙, 掌握回死生, 驅掣雷電光, 鬼
　　怪悉潛形, 敢有違逆者, 劈體如纖塵, 慧光所照處, 災厄悉和平, 敬受而誦讀, 名
　　奏於天宮. 『呂祖全書』(32卷本) 卷九 『前八品仙經』 「五行端孝品第二」.

기할 수 있다. '거북의 자리'인 구대(龜臺)가 일심인 '영대'라면, '거북과 뱀이 얽힌 자리'인 구사대(龜蛇臺)는 '내정'에 해당한다는 뜻이다.

2-2. 구(龜)와 구사(龜蛇)의 위상과 역할

여동빈의 이러한 발언은 '영대[구대]'와 '내정[구사대]'이 다르다는 사실을 의미한다. 왜냐하면, 구(龜)와 구사(龜蛇)의 위상과 역할이 같지 않기 때문이다. 구(龜)와 구사(龜蛇)가 다르면, 당연히 구대(龜臺: '영대')와 구사대(龜蛇臺: '내정')도 다르다. 그러면 이들은 어떻게 다른가?

▌ 거북, 뱀, 거북·뱀 합체

구(龜)는 거북이다. 구사(龜蛇)는 거북과 뱀이 휘감아 합체한 것으로서 현무(玄武)라고도 한다. 적어도 겉으로 보기만 하면, 거북 단독으로 존재하는 '구'와 거북과 뱀이 얽힌 모습의 '구사[현무]'는 같은 것으로 느껴지지 않는다.

현무가 처음부터 거북과 뱀이 얽힌 구사합체(龜蛇合體)였던 것은 아니었다. 고대 유물을 보면 현무는 구사합체가 아니라 거북[龜] 단독 형태였다. 현무의 원형은 거북이었다는 뜻이다. 현무가 오늘날과 같은 모습인 거북과 뱀의 결합인 구사(龜蛇)로 나타난 것은 서기전 1세기경인 한나라 무제 시대부터였다.

현무가 구사 형태로 변모한 이유에 대해서는 여러 가지 설이 있다. 사신(四神)의 하나로서 그 위엄을 표현하기 위함이라든가, 전쟁을 주관하는 북방신(北方神)으로서 적을 진압하는 위세를 갖추기 위함이라

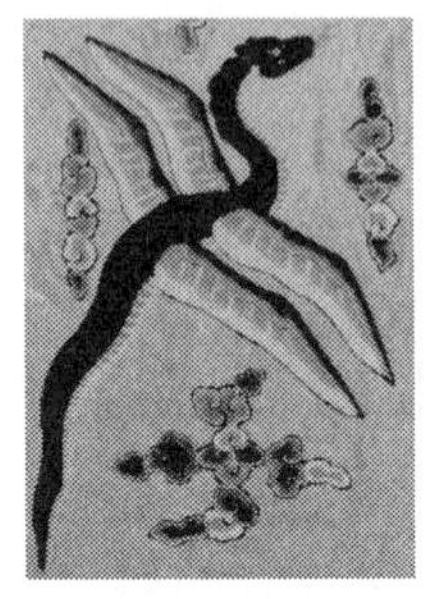
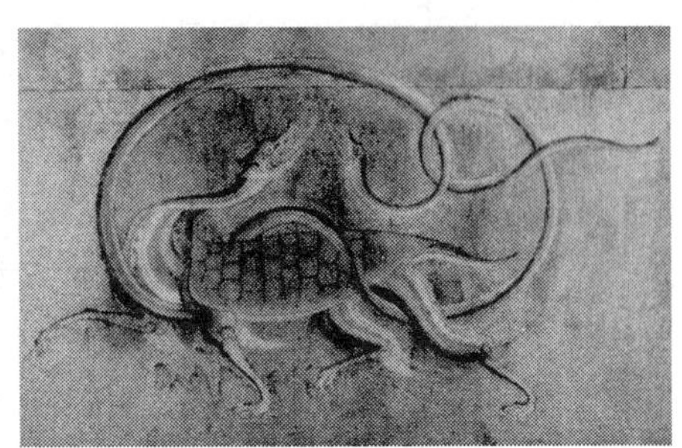

거북 신구(神龜)　　　　　뱀 등사(騰蛇)　　　　거북·뱀 합체 현무(玄武)

<그림 2> 거북 현무, 뱀 등사, 거북·뱀 현무. 서로 다른 모습들의 다른 동물이다

든가, 만물의 생성을 상징함이라든가, 사람 얼굴에 새의 몸을 하고[人面鳥] 두 마리의 뱀을 귀에 걸며 두 마리의 푸른 뱀을 밟은 모습의 북방(北方) 조사신(操蛇神) 우강(禺彊)이 현무로 전이된 것이라거나 하는 설명이 그런 사례들이다.[11]

현무의 원형이 거북이었다고 하더라도, 한무제 이후 거의 2100년 동안 동아시아에서 현무는 구사, 즉 거북이 아닌 거북과 뱀의 얽힌 모습으로 알려져 왔다는 사실이 중요하다. 예를 들면, 남송의 홍흥조(洪興祖, 1090-1155)는 『초사전주(楚辭箋註)』에서 "현무는 구사다. 북방에 위치하기 때문에 현(玄)이라 하고, 몸에 비늘과 껍질이 있으니 무(武)라 한다."[12]라고 말하고 있고, 주자도 『주자어류(朱子語類)』에서 "진무(眞武)는 본래 현무(玄武)인데 … 현(玄)은 구(龜)고, 무(武)는 사(蛇)다."[13]라고

11　이성구, 「사신의 형성과 현무의 기원」, 『중국고중세사연구』 19 (2008), p.33. pp.37-38, pp.50-54.

12　玄武謂龜蛇. 位在北方故曰玄, 身有鱗甲, 故曰武. 『楚辭箋註』 卷五 「遠遊」.

13　又如真武, 本玄武, 避聖祖諱, 故曰真武. 玄, 龜也; 武, 蛇也. 『朱子語類』 卷一百二十五 「老氏」 '外篇天運第十四', '論道教'.

말하고 있다. 거북은 '구(龜)'이고 '현(玄)'이라는 것, 뱀은 '사(蛇)'라는 것, 거북과 뱀이 합친 신령한 동물은 구사(龜蛇)인 현무(玄武)라는 게 이들의 주장이다. 결국 거북[龜], 뱀[蛇], 거북과 뱀이 합체한 거북·뱀[龜蛇]은 각각 별개의 동물이라는 게 홍흥조와 주자의 설명이다.

거북, 뱀, 현무(거북·뱀 합체)가 서로 다른 이름을 가진, 구분되는 다른 세 동물이라는 사실은 이들을 신성시하여 부르는 명칭이 각각 다르다는 것에서도 거듭 확인된다.

우선, 거북[龜]을 신령스럽게 부르는 명칭은 신구(神龜), 영구(靈龜), 섭구(攝龜), 보구(寶龜), 문구(文龜) 등이다.[14] 가장 유명하고 신령한 거북은 신구(神龜)다. 서기전 2200년 무렵 우임금이 치수하던 시절에 낙수(洛水)에서 주역의 모체가 되는 낙서(洛書)를 지고 나온 신성한 동물이 신구였음은 잘 알려져 있다.

뱀[蛇]을 신성하게 여겨 부르는 이름도 있다. 그것은 등사(騰蛇)다. 조선시대에는 군대의 진영 안에 전후좌우와 중앙을 나타내는 5개의 깃발인 대오방기(大五方旗)를 세워 부대들을 구분했는데, 그 가운데 중앙을 나타내는 군기가 등사의 깃발 즉 등사기(騰蛇旗)였다. 예를 들면, 단원 김홍도의 지휘 아래 그려진 정조대왕 능행(陵行) 반차도(班次圖)가 있다. 1795년 정조가 비운의 죽음을 맞이한 아버지 사도세자의 묘소 현륭원(顯隆園)으로 행차하는 모습을 담은 이 그림에는 1,800여 명이 임금 앞뒤로 줄지어 걸어가는 모습과 더불어, 주작기(朱雀旗)와 현무기(玄武旗) 등 여러 깃발과 함께 등사기(騰蛇旗)가 등장한다(<그림 3> 참고).[15] 이

---

14 한국정신문화연구원, 『한국민족대백과사전』 1 (성남: 한국정신문화연구원, 1988), p.658.

<그림 3> 정조대왕 능행(陵行) 반차도(班次圖) 일부.
주작기와 현무기 사이에 등사기가 보인다.

때 등사는 다리가 없이 날개를 달고 하늘을 나는 뱀의 모습이다. 이 등사는 때때로 용[蛟龍]으로 여겨지기도 했다. 등사는 천문 점성술과 명리학 등 술수(術數) 분야에서 주로 활용된다. 천문에서 등사는 북방 칠수 중 하나인 실수(室宿)와 벽수(壁宿) 사이의 약간 위에서 북극성 쪽으로 자리를 잡은 등사성(螣蛇星: 22개의 별로 이루어짐)이다(<그림 4>). 기문둔갑에서 등사는 직부팔신(直符八神) 중 하나[16]이며, 성명학·육효(六爻)·육임(六壬)에서는 육신(六神)의 하나[17]로서 인간에게 길흉을 가져다주는 신으로 설명된다.

거북·뱀 합체인 구사를 신성하게 부르는 이름은, 주지하듯이 현무다. 현무는 밤하늘의 28수(宿) 가운데 두(斗)·우(牛)·여(女)·허(虛)·위(危)·실(室)·벽(壁)의 북방 7수[七宿]를 담당하며, 북쪽을 맡아 마(魔)를 물리치고 우주의 질서를 수호하는 방위신[北玄武]이다.

---

15 한영우, 『<반차도>로 따라가는 정조의 화성 행차』(파주: 효형출판, 2007), p.30, p.38, p.96, p.100.

16 기문둔갑의 직부팔신이란 직부(直符), 등사(騰蛇), 태음(太陰), 육합(六合), 백호(白虎), 현무(玄武), 구지(九地), 구천(九天)을 말한다.

17 성명학이나 육임의 육신이란 청룡, 주작, 백호, 현무, 구진, 등사를 말한다.

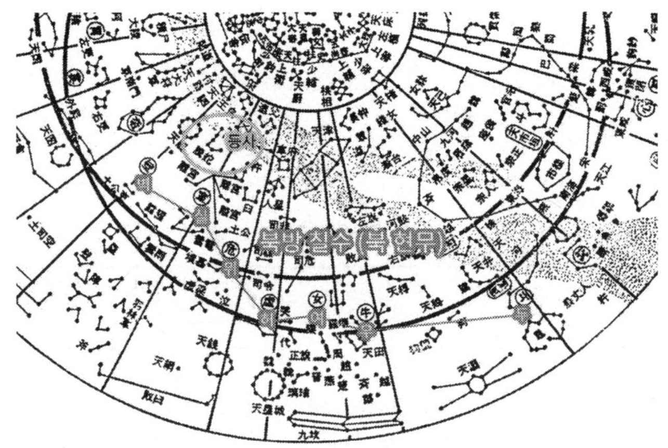

<그림 4> 천상열차분야지도(天象列次分野之圖)에서 등사는
북방 칠수인 현무의 위쪽에 위치한다

이처럼 신구(神龜), 등사(騰蛇), 현무(玄武)는 그 이름도 다르고, 신성하게 불리는 이름도 다르고, 기능이나 속성도 다르다. 따라서 거북, 뱀, 현무는 각각 구분되어야 하는 동물이라고 해야 한다.

▌ 사령(四靈)과 사신(四神)

거북[龜]과 거북·뱀[龜蛇=玄武]은 그 소속도 다르다. 거북 구(龜)는 사령(四靈)에 속하고, 거북·뱀인 구사[현무]는 사신(四神)에 속한다.[18] 『예기(禮記)』에 의하면 사령은 기린·봉황·거북·용[麟鳳龜龍]이다.[19] 대체로 이들은 성인(聖人)이 나타나면 이를 기념하기 위하여 같이 등장하는 길한 동물로 묘사된다.[20] 이에 비해 사신은 사상(四象)의 동서남북

---

18 뱀인 등사는 신구나 현무와 달리 사령 또는 사신에 속하지 않는다.
19 何謂四靈, 麟鳳龜龍. 麟鳳龜龍謂之四靈. 『禮記』「禮運」.

을 지키며 우주의 질서를 수호하는 방위신으로서 곧 청룡(靑龍: 東)·주작(朱雀: 南)·백호(白虎: 西)·현무(玄武: 北)를 말한다. 이것을 나타낸 것이 <표 2>와 <그림 5>다.

<표 2> 사령(四靈)과 사신(四神)의 구성원과 역할 차이

구분	사령(四靈)	사신(四神)
구성원	용, 봉황, 기린, 거북	용, 주작, 호랑이, 현무(거북·뱀)
역할	성인이 출현할 때 길한 일이 일어났음을 알리기 위해 나타나는 신령스러운 동물	동서남북을 지키고 질서를 수호하며 액운을 물리치는 신령스러운 동물

(A) 사령(四靈)은 용, 봉황, 기린, 거북

(B) 사신(四神)은 용, 주작, 호랑이, 현무

<그림 5> 사령(四靈: 위)과 사신(四神: 아래)의 모습. 사령과 사신은 비슷한 모습인 듯하지만, 자세히 보면 용만 같고 나머지 셋은 '봉황 vs. 주작', '기린 vs. 호랑이', '거북 vs. 거북과 뱀'으로 다르다.

---

20 금장태, 「고대중국의 신앙과 제사: 그 구조의 종교사학적 고찰」, 『종교연구』 1 (1972), pp.89-90; 이성구, 앞의 글, p.4.

역사적으로 보면 사령과 사신을 구분하지 못한 경향이 일부 있었고, 그 때문에 지금도 이 둘을 잘 구분하지 않으려는 사람들(주로 중국 학자들)이 있다. 그러나 <표 2>와 <그림 5>에서 보듯이 사령과 사신은 그 구성원과 역할이 같지 않다. 이러한 사실이 지적된 이후로 한국 학자들과 일본 학자들은 사령과 사신을 다른 것으로 구분하는 편이다.[21]

거북과 현무는 각각 사령과 사신으로서 그 소속이 다르고, 그 위상이나 역할도 다르다. 그러니까 거북은 사령의 하나로서(십장생의 일원이기도 하다) 성인의 출현을 나타내는 길상의 신수이며, 구사인 현무는 사신의 하나로서 우주의 질서를 수호하는 방위신의 신수다. 거북과 현무(구사)가 사령과 사신으로서 그 지위와 역할이 분명히 구분된다면, 거북의 자리[龜臺]인 '영대'와 현무의 자리[玄武臺=龜蛇臺]인 '내정' 역시 일정한 차이가 있다고 말할 수 있다.

3. 영대는 신령, 내정은 수호

여동빈의 『여조전서』를 정리하면, '영대'는 구대이고 '내정'은 구사대(현무대)다. 구와 구사(현무)는 다르다. 그래서 구대와 구사대도 다르다. 그렇다면 구대인 '영대'와 구사대인 '내정'도 다르다고 해야 한다. 그 다름의 내용은 앞서 언급한 사령(四靈)과 사신(四神)의 구분에서 확인할 수 있다.

---

21 이성구, 앞의 글, pp.2-8.

거북은 신령한 동물[四靈]이기에 거북의 자리인 구대는 신성한 존재의 신령함이 구현되는 장소가 된다. 그 구대가 바로『여조전서』가 말한 '영대'다. 거북·뱀인 구사(현무)는 우주 질서를 수호함을 상징하는 동물[四神]이기에 구사의 자리인 구사대(현무대)는 수호와 질서 유지를 구현하는 장소가 된다. 그 구사대는『여조전서』가 말한 '내정'이다. 따라서 신령함 그 자체('영대'), 그리고 그러한 신령함을 수호하고 우주의 질서를 지켜나가는 곳('내정'), 바로 이것이 여동빈의『여조전서』에서 조명되는 '영대'와 '내정'인 것이다.

이러한『여조전서』의 '영대'·'내정' 개념은 대순진리회의 영대·내정 개념과 얼마나 합치되는가?『여조전서』가 말한 '영대'는 인간의 마음이라는 의미를 천문 맥락에서 살핀 것이므로 대순진리회의 영대와는 차이를 지니는 것으로 보인다.『여조전서』는 '영대'라는 용어를 인간의 마음으로 이해하고 그곳을 북두로부터 오행의 기를 '받는' 장소라고 말했다. 대순진리회의 영대는 인간의 마음이 아니라 '상제님'을 비롯한 15 신위를 봉안한 신전이라는 점에서 다르다. 또 오행의 기를 비롯한 모든 에너지를 '전달'하는 곳이 아니라 '직접 주는' 곳이라는 점에서도 다르다.『여조전서』는 북두칠성이 인간에게 길흉과 기운을 직접 주는 존재라고 하였으나, 대순진리회는 12종의 주문 가운데 하나인 칠성주(七星呪)를 통하여 북두칠성이 하느님의 명을 받아 인간에게 '전달해 주는' 존재로 신앙한다는 점[22]에서 중대한 차이가 있다는 뜻이다.

---

22 차선근,「칠성주의 '문곡'과 '육순'」,『대순회보』237 (2020), pp.70-86 참고.

그렇다고 해도 일심은 신명이 인간에게 응하는 데 필수적인 조건이
라는 점을 고려하면 『여조전서』의 '영대'는 대순진리회의 영대와 어
느 정도 연관성을 보이는 것 또한 사실이다. 이런 맥락에서 보면, 『여
조전서』가 '내정'을 구사대(龜蛇臺: 거북과 뱀이 얽힌 자리=玄武臺)로서 우주
의 질서 유지와 수호를 상징하는 곳으로, '영대'를 구대(龜臺: 거북의 자
리)로서 신명들의 출현과 그 신성함을 표상하는 곳으로 서로 대비시켰
던 것은 중요하다. 진법주를 통해 언급했듯이, 대순진리회 세계에서
영대는 '상제님'을 비롯한 진법주의 15 신위가 현현(顯現)하여 그 신령
스러움을 드러내는 장소이기에 '최경(最敬)의 예로써 진퇴에 지성지
경(至誠至敬)을 다하여야 한다'[23]라고 강조되는 곳이며, 내정은 도전께
서 진법(眞法)을 지키고 펼쳐나가며 뭇 도인을 통솔하고 종단을 운영
하시는 곳이다. 그렇다면 여동빈의 『여조전서』가 말한 '영대' · '내
정'은 대순진리회의 영대 · 내정과도 어느 정도 합치되고 있다고 말
할 수 있다(<표 3> 참고).

<표 3> 여동빈 『여조전서』의 '영대'와 '내정', 대순진리회의 영대와 내정 비교

구분	여동빈의 『여조전서』	대순진리회
영대	'영대'는 구대(龜臺)로서, 신성한 존재의 신령스러움을 드러내는 곳	영대는 '상제님'을 위시한 15 신위의 신령스러운 신명들을 모시는 곳
내정	'내정'은 구사대(龜蛇臺=玄武臺)로서, 신선으로 화(化)하는 경지이자, 우주의 질서를 유지하고 수호함을 상징하는 장소	내정은 15 신위를 모시는 신령스러운 장소와 그 법방(法方)인 진법(眞法)을 지키고 펼쳐나가는 곳

---

23 『대순지침』, pp.81-82.

4. 소결: 신성(神聖)의 현현(顯現)과 진법(眞法)의 수호(守護)

대순진리회에서 진법주는 진법(眞法)을 주문(呪文)의 형식으로 응축해 놓은 교법의 요체다. 동시에 그 진법이 실현되는 공간 질서를 규정한 '공간화된 법'으로 이해할 수 있다. 진법주에서 15위(位)의 신명들은 각각 '⋯지위(之位)'로 호명되는데, 이는 단순한 명칭이 아니라 배례와 치성이 향하는 구체적 자리[位]를 뜻한다. 그리고 이 신위(神位)들의 집합 뒤에 '하늘에서 길한 자리를 감추어서 진인(眞人)에게 주시나니, 부디 숨기지 마시고 보여주시어 소원을 다 이루도록 해 주십시오'라는 발원문이 덧붙음으로써, 하늘이 감춘 길한 터[天藏吉方]가 진인에게 수여되고 그 진인께서 그 신위를 모실 뿐 아니라 모시는 방식 또한 하늘의 명(命)으로 정해진다는 구조가 완성된다. 요컨대 15 신위는 영대에 봉안되어 신령함을 현현하고, 진인께서는 내정(內庭)에 거처하며 그 신령함을 지키고 진법을 집행하는 통솔의 주체로 자리한다. 오늘날 도장 건축에서 영대와 내정이 나란히 배치되는 형상은 바로 '15 신위 + 진인'이라는 진법주의 핵심 도식을 시각적으로 고정한 장치라 할 수 있다.

이 지점에서 여동빈의 『여조전서』가 제시하는 영대·내정의 상징구도는 해석을 위한 유효한 비교를 제공한다. 여동빈은 영대를 '구대(龜臺)'로, 내정을 '구사대(龜蛇臺)/현무대(玄武臺)'로 설명하며, 전자는 신성한 존재의 신령함이 드러나는 자리이고 후자는 법과 질서의 수호, 더 나아가 신선으로 화(化)하는 경지를 상징한다고 보았다. 물론 대순진리회의 영대는 '마음'이 아니라 신위를 모신 신전이라는 점에서 동일시될 수 없다. 북두의 기(氣)가 직접 내려온다는 여동빈의 전제 역시 대순진리회의 신관과는 어긋난다. 그럼에도 영대가 '신령함의 현현(顯現)'이라는 표상으로, 내정이 '수호와 질서 유지'의 표상으로 대비된다는 점에서 양자는 의미망의 공명대를 형성한다. 다시 말해, 영대는 최고신과 신위가 드러나는 '신령함의 현현 공간'이며, 내정은 그 현현을 유지·관리하고 종단의 종통과 진법이 구체적으로 작동하도록 뒷받침하는 '통솔과 수호의 공간'이다.

따라서 영대와 내정의 병치는 단순한 건축 배치가 아니다. 15 신위의 성스러움과 진인의 집행성, 신령함과 수호함이라는 이중 구조를 통해 대순진리회의 종교적 세계를 조직하는 시각적·제도적 문법이다. 이 문법을 진법주의 텍스트와 『여조전서』의 상징 해석을 교차시켜 조명할 때, 영대는 '신성의 자리'[신령스러움]로서의 절대성을, 내정은 '법 집행의 자리'[통솔과 수호]로서의 지속성을 각각 드러낸다. 이렇게 두 공간의 결합은 곧 도장 전체를 하나의 신앙 행위 장(場)으로 성립시키는 원리를 함의한다.

나아가 이 구조는 '기도', '감응', '호위'라는 종교적 실천이 어디에서, 누구를 매개로, 어떤 규범 아래 수행되는지를 공간적으로 설명해 준다. 영대에서 신위는 배례의 직접 대상이 되며, 내정은 진인께서 종단 운영과 수도 법방의 수호를 펼치는 곳이다. 결국 영대·내정의 병치는 신앙의 내적 체험을 건축적 표상으로 바꾸어 공동체의 기억과 권위를 안정화하는 장치이며, 동시에 신령함을 일상적 질서로 번역하는 '제도화된 상징'이라 할 수 있다. 이러한 관점은 대순진리회 도장 건축을 '교리의 공간적 서술'로 읽어내는 하나의 해석 틀을 제공한다.

<표 4> 영대와 내정의 비교

영대	내정
15 신위	진인(眞人), 도전
15위 신명들의 신령함이 현현하는 성스러운 공간	종통과 진법이 작동하도록 하는 법과 질서의 수호 공간
신성의 자리[신령스러움]	법 집행의 자리[통솔과 수호]

이 책은 영대(靈臺)와 내정(內庭)이라는 두 건축물의 기원을 찾아 고대 중국의 문왕, 그리고 여동빈 시대까지 역사를 거슬러 올라간다. 연구의 여정은 출발점부터 도착점까지 거의 30년에 이른다. 집요하게 문헌을 뒤지고 역사의 궤적을 추적한 이유는 과거의 사실을 확인하기 위해서만은 아니었다. 무엇보다도 신앙이 공간 속에 구현된 현장, 그 성스러운 건축물이 지닌 종교적 의미를 온전히 이해하기 위함이었다.

영대와 내정은 기와나 목재, 콘크리트의 차가운 건축 자재 결합물이 아니다. 그곳은 도인들이 손을 모으고 읍배나 배례를 올리는 순간, 그들의 마음을 경건한 수행의 길로 인도하는 적극적인 매개체다. 물질이 정신을 담아내고, 공간이 신앙을 이끄는 이러한 특성이야말로 대순진리회의 성스러운 공간이 지닌 진정한 의미일 것이다.

이 작은 책은 문왕이 세운 두 영대의 실체를 밝혔고, 『여조전서』에서 내정의 출처를 찾아냈으며, 진법주(眞法呪)를 통해 영대와 내정이 짝을 이루는 사상적 필연성을 규명했다. 이 과정에서 드러난 것은 하늘과 땅, 신명과 인간, 물질과 정신이 만나는 성스러운 교감의 역사였다. 그리고 '15 신위를 담은 영대(靈臺)는 신령한 신성(神聖)의 현현(顯現)'을, '진인[도전]께서 거주하시는 내정(內庭)은 통솔과 법 집행의 자리, 곧 진법(眞法) 수호(守護)'를 각각 상징한다는 사실도 확인할 수 있었다.

이제 대순진리회의 도장에 들어서서 영대와 내정을 마주할 때, 그 기둥 하나, 기와 한 장에 문왕으로부터 여동빈을 거쳐 지금에 이르는 '신봉(神封)'과 신선 등극 및 진법 수호의 역사가 담겨 있음을 기억해 주기를 바란다. 그리고 그 건물 곳곳에 깃든 신명들이 늘 우리를 지켜보고 우리와 마주하고 있음을, 그 공간이 수천 년을 이어온 하늘과의 소통이 현재진행형으로 이어지는 살아있는 성소(聖所)임을 되새겨 주길 희망한다.

역사는 과거에 머물지 않는다. 영대와 내정이 담은 역사의 기억은 이 순간에도 우리와 끊임없이 대화하며, 앞으로도 계속 새로운 의미를 생성해 갈 것이다. 이 책이 그 대화의 한 장(章)이 되기를 바라 마지 않는다.

부록 01.
이론적 보론(補論)
: 물질종교의 관점에서 본 영대와 행위자성(agency)

본서의 본문에서 우리는 역사와 문헌을 통해 영대의 기원을 추적하고, 그것이 대순진리회 신앙 안에서 갖는 위상을 확인했다. 이제 그 논의를 현대 종교학의 이론적 지평으로 확장하고자 한다.

'부록 1'에 수록된 글은 '물질종교(Material Religion)'의 관점을 빌려, 영대가 물리적 구조물에 한정되지 않고 신앙을 매개하며 수행을 이끄는 능동적 '행위자(Agent)'임을 규명한 연구다. 마음[心]과 물질[物]이 분리되지 않고 상호 작용한다는 이 이론적 틀은, 앞서 살펴본 '신봉어인(神封於人)'의 원리를 현대적 학술 언어로 뒷받침하는 것이기도 하다.

본문의 역사적 서술 너머, 도장의 공간이 지닌 종교학적 메커니즘을 깊이 이해하고자 하는 독자들에게 이 짧은 보론이 하나의 디딤돌이 되기를 바란다.

1-1. 예술과 종교, 물질과 종교

예술은 예술이고 종교는 종교다. 서로 독립된 분야다. 그러나 예술은 종교를 소재로 삼을 수 있고, 종교는 예술을 통해 자신을 드러낼 수 있다.[1] 예술과 종교 사이에 교집합이 존재한다는 뜻이다. 그 교집합을 주제로 삼는 '예술-종교' 논의는 ① 예술로서의 종교(religion as art), ② 종교로서의 예술(art as religion), ③ 종교적 예술(religious art), ④ 예술적 종교(artistic religion), ⑤ 종교로부터 비롯된 예술(art from religion), ⑥ 예술로부터 비롯된 종교(religion from art) 등으로 유형화될 수 있다.[2]

예술-종교 논의는 미학(美學)의 영역에서 작동하는 성스러움·상징·종교체험 같은 것을 주요 내용으로 삼는다.[3] 대개 그 논의의 결과물들은 인간이 예술에 부여한 가치를 살핀 것들이다. 우리는 이와 약간 결을 달리해서, 예술에 얹히는 대상 그 자체에 더욱 집중할 수도 있을 것이다. 현대 종교학은 예술을 물질로 대치한 '물질-종교' 논의로써 그 일을 한다.

---

1 Wiston L. King, "Religion," in Mircea Eliade, chief eds., *The Encyclopedia of Religion 12* (New York: Macmillan Publishing Company, 1987), p.287; 정진홍, 「종교와 예술」, 『한국종교사연구』 11 (2003), pp.17-23.

2 Frank G. Bosman, "When Art is Religion and Vice Versa. Six Perspectives on the Relationship between Art and Religion," *Perichoresis* 18:3 (2020), p.4.

3 이 분야를 개척한 대표적인 학자로는 예술·철학·종교를 절대적 진리의 같은 표현으로 간주하고 '예술종교(Kunstreligion)' 개념으로 그리스 종교를 이해하고자 했던 헤겔(Georg Wilhelm Friedrich Hegel, 1770~1831)을 비롯하여, 반 데르 리우(Geradus van der Leeuw, 1890~1950), 어윈 파노프스키(Erwin Panofsky, 1892~1968), 미르체아 엘리아데(Mircea Eliade, 1907~1986), 프랭크 훼일링(Frank Whaling), 더글러스 아담스(Douglas G. Adams), 프랭크 브라운(Frank B. Brown), 프랭크 보스만(Frank G. Bosman) 등을 거론할 수 있다. M. 엘리아데, 『상징, 신성, 예술』, 박규태 옮김 (서울: 서광사, 1991), pp.111-112; 게라두스 반 데르 레우후, 『종교와 예술: 聖과 美의 경계에 대한 현상학적 이해』, 윤이흠 옮김 (서울: 열화당, 1991), pp.26-28, pp.82-83, p.117; 월터 캡스, 『현대종교학 담론』, 김종서 외 옮김 (서울: 까치글방, 1999), p.317, pp.322-328, p.431; 박배형, 「직관에서 표상으로」, 『헤겔연구』 34 (2013), pp.2-4, pp.16-23.

21세기 이후 본격화한 물질-종교 논의는 시각문화(visual culture)·
물질문화(material culture)에 초점을 맞추는 물질적 전환(material turn)의 영
향을 받은 것이다.[4] 이 분야의 선구자 가운데 한 명은 영국 UCL
(University College London)의 인류학자 다니엘 밀러(Daniel Miller, 1954~)다.
그는 인간과 물질을 이분법으로 구분해 온 것이 종래의 인류학(주로 민
족지학) 연구 경향이었음을 비판하고, 인간과 물질이 상호 작용한다는
사실을 토대로 물질문화(material culture)라는 프레임 속에서 '인간이 물
질을 만드는 방법과 마찬가지로 물질이 인간을 만드는 방법'을 연구
해야 한다고 주장했다.[5] 그의 제안은 상당한 호응을 얻었고, 물질문화
연구는 학계에서 하나의 지분을 확보할 수 있었다.[6]

이전에도 고고학·인류학·사회학은 그 나름대로 물질을 분석하는
연구 전통을 보여주기는 했다. 그러나 새로운 물질 연구는 물질을 인
간과 별개인 객체가 아니라 내재적인 생기를 지닌 어떤 것으로 간주한
다는 데에서 차이가 있다. 이런 관점은 물질을 인간과 분리된 대상으
로 보아온 마르크스적 유물론과는 다르므로 신유물론(New Materialism)
으로 불린다. 이에 따르면, 물질은 인간에게 특정한 영향을 미치는

---

4 20세기 후반에는 인문학과 사회학에 언어적 전환(linguistic turn), 존재론적 전
   환(ontological turn), 문화적 전환(cultural turn), 관계적 전환(relational turn), 분
   석적 전환(analytical turn), 영성적 전환(spiritual turn) 등, 이른바 '전환(또는 전
   회, turn)'이라고 하는 새로운 연구 접근법들이 속속 등장했다. 물질적 전환도
   그 가운데 하나다.

5 Daniel Miller, "Material Culture," in Tony Bennett and John Frow, eds., *The
   Sage Handbook of Cultural Analysis* (Los Angeles: Sage, 2008), pp.286-287.

6 Peter J. Bräunlein, "Thinking Religion Through Things: Reflections on the
   Material Turn in the Scientific Study of Religion/s," *Method & Theory in the
   Study of Religion* 28:4-5 (2016), p.369.

행위자(agent)로 규정된다.[7] 이것을 '물질의 물질성(materiality of matter)' 이라고 하는데, 물질성(materiality)이란 사물의 속성(property of things)을 의미하는 것이 아니라 물질과 물질의 행위자적 특질(the agential qualities of matter)을 합한 개념이다.[8]

물질 연구는 종교학에도 도입되었다. 종교가 물질이 없이는 성립하기 어렵다는 뒤늦은 자각 때문이다. 이로써 기존 종교 연구가 관념적이고 초감각적인 측면에 집중해왔던 사실이 비판될 수 있었다. 종교 생활에서 믿음과 관행이 차지하는 비중이 절대적이지만 그것은 다양한 물질적 요소와 결합하여 나타나는 게 현실이다.[9] 물질은 형체를 가진 것은 물론이요, 음악 · 주문 · 몸짓과 같은 무형의 요소까지 포함하는 것으로 확장된다. 예를 들어 종교인들은 그들에게 의미 있는 상

----

7 John Kieschnick, *The Impact of Buddhism on Chinese Material Culture* (Princeton: Princeton University Press, 2003). p.16; Benjamin J. Fleming and Richard D. Mann, "Introduction: Material Culture and Religious Studies," in Benjamin J. Fleming and Richard D. Mann, eds., *Material Culture and Asian Religions: Text, Image, Object* (New York: Routledge, 2014), pp.1-2; 박인찬, 「사물의 시대에 오신 것을 환영함」, 『현대영미소설』 24-2 (2017), pp.192-193.

8 George Ioannides, "The Matter of Meaning and the Meaning of Matter: Explorations for the Material and Discursive Study of Religion," in Frans Wijsen and Kocu von Stuckrad, eds., *Making Religion: Theory and Practice in the Discursive Study of Religion* (Boston: Brill, 2016), p.51; 사물 이론(thing theory)도 같은 맥락의 개념이다. 이 이론도 사물을 주체(대개 인간)를 위해 봉사하는 객체나 대상으로 보지 않고, 주체와 사물이 서로에게 어떻게 활력을 불어넣는지를 주목함으로써 사물과 인간 주체의 상호 작용을 살피고자 한다. 박인찬, 앞의 글, p.194.

9 William Keenan and Elisabeth Arweck, "Introduction: Material Varieties of Religious Expression," in Elisabeth Arweck and William Keenan, eds., *Materializing Religion: Expression, Performance and Ritual* (Aldershot, England: Ashgate, 2006), p.13.

징적 물건을 보고 만지며, 특정한 장소 혹은 건물을 성스럽게 여기고, 주문·경전·성가(聖歌) 등 신성한 텍스트를 읽고 부르거나 들으며, 정해진 장소에서 특별한 몸짓을 선보이거나 음식을 먹는다.[10] 이런 물질적인 표현 덕분에 하나의 종교는 다른 종교와 문화적으로 구별될 수 있다.[11]

1-2. 물질종교 접근법

종교학에서 물질 연구 분야는 대개 물질종교(material religion)[12]라는 이름으로 범주화된다.[13] 물질종교는 종교 '이론'이 아니다. 그 대신 물질 그 자체에 더 집중하면서, 나아가 물질이 인간에게 특정한 영향을 미친다는 사실까지 강조하는 학술적 종교 연구 '접근법'을 의미한다.[14] 보다 구체적으로는 다음과 같은 연구 관점과 방법을 물질종교 접근이라고 할 수 있다.

첫째, 특정 종교를 마주할 때 가장 먼저 접하게 되는 것은, 건축물이나 복식(服飾) 등 그 종교에 속한 물질이다. 그리고 그 물질에 대한 설명은 그 종교 이해의 첫걸음이 된다. 물질종교 연구가 필요한 곳이 바로

---

10 S. Brent Plate, "Material religion: An introduction," in S. Brent Plate, eds., *Key Terms in Material Religion* (New York: Bloomsbury Academic, 2015), p.3.

11 William Keenan and Elisabeth Arweck, *op. cit.,* pp.1-2.

12 material religion을 '물질적 종교'로 번역할 수도 있다. 하지만 2023년 기준으로 보면 한국 종교학계에서 '물질종교'로 번역되고 있으므로 이 글도 '물질종교'라는 용어를 사용한다. 향후 material religion의 번역은 달라질 수도 있다.

13 이 분야의 대표적인 학술지는 2005년에 창간된 *Material Religion: The Journal of Objects, Art and Belief*이다(https://www.tandfonline.com/loi/rfmr20).

14 S. Brent Plate, *op. cit.,* p.7.

이 지점이다. 그러니까 피터 J. 브래운라인(Peter J. Braunlein)에 의하면, 물질종교 접근은 ① 그 물질의 현대적 또는 역사적 사용 사례를 조사할 것, ② 그 연대기(biography)를 추적할 것, ③ 문화 경관(cultural landscapes)을 해석할 것, ④ 물질과 물질적 과정(material processes)을 살필 것, ⑤ 물질의 사회생활(social life) 기록을 연구하거나 현장 조사를 할 것을 요구하므로,[15] 그 관점을 담아낸 연구 결과물은 해당 종교에 대한 이해에 도움을 줄 수 있다. 더 나아가, 같은 물질이 다른 종교들에서 동시에 나타난다면, 각 종교가 해당 물질에 어떤 의미를 어떻게 부여하고 있는지, 그리고 그 물질의 역사와 문화 경관은 어떤지를 비교의 시선에서 조명함으로써 각 종교의 특징을 추출할 수도 있다.

둘째, 종교 건축이나 물품이 그 종교의 세계관을 어떻게 상징적으로 나타내는지 확인하는 일은 이전부터 해왔던 작업이다. 물질종교 논의는 이를 넘어서 물질성, 즉 물질이 인간과 상호 작용하는 현상까지 더 설명하고자 한다. 브렌트 플레이트(S. Brent Plate)에 의하면 이런 연구는 ① 인간과 자연적·인공적 물리 대상 간의 상호 작용을 조사하되, ② 그 상호 작용은 대부분 감각의 인지에서 나타난다고 보고, ③ 아울러 특별하게 정해진 공간과 시간에서 발생하는 것으로 규정하며, ④ 그 상호 작용의 목적은 종교 공동체와 신앙인에게 지향점을 제공하거나 바꾸어주기 위한 것으로서, ⑤ 상호 작용의 결과로 종교 전통의 형식적 제한과 구조가 형성됨을 설명한다.[16]

---

15 Peter J. Bräunlein, *op. cit.*, p.377.
16 플레이트는 이 다섯 항목 가운데 어느 하나만 연구 주제로 삼더라도, 그것은 곧 물질종교를 연구하는 것이라고 말한다. S. Brent Plate, *op. cit.*, p.4, p.7.

일본 에도시대의 마리아 관음상(マリア観音像)을
하나의 사례로 간단히 살펴보자. 이 성상(聖像)은 에
도 막부의 극심한 탄압으로 목숨을 부지하기 어려
웠던 가쿠레기리시탄(隱れキリシタン, 숨은 기독교인)들
이 모셨던 것으로서, 자신들의 믿음을 감추기 위해
성모상을 관음보살로 위장하여 만든 것이다. 이 성
상을 주제로 한 연구가 상징적 차원, 즉 성상의 어
느 부분이 기독교의 교리를 어떻게 담아내고 있는
지 설명하는 차원에서 머무른다면, 기독교 성상과
불교 성상의 불편한 동거는 해명되지 못하고 결국
이 물질은 순수한 기독교 정신의 훼손으로 폄훼되
거나 종교혼합 현상으로 단정될 수밖에 없다. 물질
종교 연구는 탄압이라는 특정한 역사적 상황을 반

<그림 1> 나가사키의 구라틴
신학교(旧羅典神学校) 기리
시탄 자료실에 전시된 마리
아 관음상

영하는 시간과 공간 속에서 인간 감각의 인지를 통해 가쿠레기리시탄
과 성상 사이에서 일어난 상호 작용을 조사할 것을 요구하고, 그것이
만들어내는 문화 경관과 인간·물질의 사회생활 속에서 종교 형식의
특정한 구조적 출현이 불가피함을 기술하도록 만든다. 따라서 이 논
의는 기독교 성상과 불교 성상이 하나의 몸체에 동거하는 기묘한 현
상을 기술할 수 있다.

셋째, 관념이 물질을 앞선다는 인식은 일반적이다. 종교는 이론적
사상과 교리를 체계화하고, 그 연후에 그것을 담아내기 위해 2차적으
로 물질을 이용하는 것으로 알려져 있다는 말이다. 그러나 물질과 인
간의 상호작용을 강조하는 물질종교 접근법은 반드시 그런 것이 아님

을 지적한다. 물질이 종교적 감성을 담은 표현물이기는 하지만, 그렇다고 해서 물질이 관념의 종속에 머무르는 것이 아니라 관념의 형성에 적극적으로 영향을 미치는 것으로까지 본다는 관점은 종교 이해에서 중요하다. 물질이 가진 힘은 종교적 감수성을 불러일으키며, 나아가 교리나 제도의 형성에 핵심적 요인이 될 수도 있다. 그러므로 물질종교는 사유가 형성되는 곳이 물질 영역이라는 점, 신념은 실천·공간·대상·신체에 근거를 둔다는 점, 종교적 신념과 교리가 대개 물질적 현실에서 출발한다는 점, 다시 말해서 물질은 관념을 담기 위해 부수적으로 창조된 그릇이 아니라 인간의 경험과 인지에 강력한 영향을 미친다는 점을 강조함으로써, 그동안 종교학에서 간과되었던 물질의 위상을 일깨운다.[17]

넷째, 물질종교는 특정 종교의 세계관이 물질과 인간의 상호 작용 속에서 시간과 공간에 따라 다르게 적용될 수 있다는 사실을 설명할 수 있다. 간단한 사례로 불교와 육식의 관계를 살펴보자. 붓다는 건강을 위해서라면 육식이 인정된다고 했고, 초기 불교 공동체도 일정한 조건을 만족하는 고기[三種淨肉, 五淨肉]라면 먹을 수 있다고 했다.[18] 그러나 후대의 대승불교는 육식을 철저히 금했다. 그 이유가 생명 존중 때문임은 당연하지만, 다른 이유로 제시된 사실은 육식을 당하는 동물이 인간에게 원한을 품으면 허물이 생겨 수행에 지장을 주고, 고기 섭취는 포악함·성적 욕구를 불러일으켜 명상에 방해가 된다는 것이

---

17 *Ibid*, p.4; Peter J. Bräunlein, *op. cit.*, pp.374-376.

18 남궁선, 「불교 불식육계(不食六戒)의 생태학적 고찰」, 『선문화연구』 10 (2011), pp.123-124.

었다.[19] 물질종교 연구는 불교에서 육식을 금하는 이유를 나열하는 단순한 차원을 넘어, 불교 수행자와 육식 고기 사이에서 진동하는 생명 존중·평등·원한·허물·포악함·욕망 관념이 초기 불교 시대와 대승불교 시대에 각각 어떻게 다르게 작동했는지까지 살필 것을 요구한다. 따라서 물질종교 논의는 초기 불교에서 덜 고려되었던 물질과 인간의 상호 작용이 대승불교에서는 더 중요시되었다는 결론을 도출한다.

정리하자면, 종교학에는 예술−종교 논의만이 아니라 물질−종교 논의도 활발하다. 그 두 논의의 구분이 아주 뚜렷한 것은 아니다. 그래도 예술−종교 논의가 미학을 바탕으로 성스러움·상징·종교체험을 강조하는 경향이 있다면, 물질−종교 논의는 물질 그 자체 또는 물질의 물질성을 강조한다는 데에서 차이점이 있다는 사실은 지적될 수 있다. 예술−종교 논의가 집중하는 미학·성스러움·상징은 인간이 예술에 부여한 가치이고, 그로써 예술은 하나의 의미가 될 수 있다. 이와 달리 물질−종교 논의는 물질을 보다 독립적인 대상으로 인정하며, 나아가 물질이 인간에게 특정한 가치까지 전달한다고 본다. 그러니까 예술−종교 논의가 인간의 관념이 예술로 향하는 방향성을 가진다면, 물질−종교 논의는 그 반대로 물질(유형이지만 무형도 포함한다) 그 자체의 가치를 인정하면서 물질의 그 가치가 인간으로 향하는 방향성을 가진다는 데에서 일정한 차이를 읽을 수 있다.

------

19 같은 글, p.132; 서재영, 『선의 생태철학』 (서울: 동국대학교 출판부, 2007), pp.222-223.

부록 02.
심층 자료: 『여조전서』「오행단효」 품제이 전문 및 해제

　본서 제1부 4장에서 다룬 '마음으로서의 영대'와 도교 내단(內丹) 사상의 연관성을 명확히 하기 위해,『여조전서(呂祖全書)』「오행단효(五行端孝)」의 제2편을 번역하여 싣는다. 이 문헌은 수행의 원리와 심법(心法)을 다루고 있어, 대순진리회 영대 사상의 도교적 배경을 이해하는 데 귀중한 사료다.

【오행단효품제이(五行端孝品第二)】

　爾時純陽呂眞人曰. 吾因往昔, 心存於道, 隨形托化, 未嘗迷根昧性, 因不識其本源. 難逢至訣, 身世浮沉, 累受累修, 積功積德, 誓行孝弟忠義仁慈. 後遇東華帝君, 逐聞大道, 飛昇金闕, 證聖成眞, 憐諸苦惱, 遊行三界, 普濟群生.

　이때 순양 여진인(여동빈)이 말하였다. 나는 예전에는 마음이 도에 있어서 형체를 따라 변화를 맡겼으나, 근본[本]을 모르고 성(性)에 어두워 그 본원(本源)을 알지 못했다. 지극한 비결을 만나기 어렵고 신세가 부침한 탓에, 수양을 쌓고 공덕을 쌓으면서 효제(孝弟)·충의(忠義)·인자(仁慈)를 행하기로 맹세하였다. 후에 동화제군(東華帝君)[1]을 만나 드디어 큰 도를 듣고, 금궐로 날아올라 성(聖)을 얻고 진(眞)을 이루어, 온 갖 고뇌를 가련히 여기고 삼계를 두루 다니며 널리 군생(群生)을 구제하였다.

近有天旨, 敕度業海盲聾. 但貪名逐利者多, 證聖修眞者少, 邈視輕人, 惟懷己勝, 性如狼虎, 噬毒尤加. 心口置於兩途, 機謀狗於萬種, 染欲者萬億, 惜命者幾何.

근래에 하늘의 뜻이 있었으니, 업보의 바다에 빠져 있는 눈먼 이와 귀먹은 이들을 제도하라는 것이었다. 그러나 명성을 탐하고 이익을 좇는 자는 많고, 성(聖)을 얻고 진(眞)을 닦는 자는 적어서, 다른 사람을 업신여기고 경시하며 오로지 자신이 이기는 것만 생각하니, 성품이 이리와 범과 같아 해독 끼치기가 더하다. 마음과 말이 두 갈래로 나뉘어 있고, 임기응변의 책략[機謀]이 온갖 종류로 돌아가며, 욕심에 오염된 자가 억만 명이니, 명(命)을 소중히 여기는 자가 얼마나 되겠는가?

吾聞太上曰, 吾有三寶, 保而持之, 一曰慈, 二曰儉, 三曰不敢爲天下先. 故慈能勇, 以儉能廣, 不敢爲天下先, 而能以成其器.

나는 태상(太上: 노자)이 이렇게 말하는 것을 들었다. '나에게는 세 가

---

1 여동빈의 스승인 종리권에게 도를 전해준 신선. 한나라 때 동해(東海)에서 살았던 왕현보(王玄甫)라고 하며, 호는 화양진인(華陽眞人)이다. 흔히 동왕공(東王公)으로 알려져 있으며, 전진도(全眞道)에서 북오조(北五祖)의 첫째 조사(祖師)로 받들어진다. 쫑자오펑(편), 『도교사전』, 이봉호 외 옮김 (서울: 파라북스, 2018), p.704 참조.

지 보배가 있어 그것을 보존하고 간직하나니, 첫째는 자애요, 둘째는 검소요, 셋째는 감히 천하의 앞에 나서지 않는 것이다. 그러므로 자애로써 능히 용감할 수 있고, 검소함으로써 능히 넓게 펼칠 수 있고, 천하의 앞에 감히 나서지 않음으로써 능히 그 그릇을 이룰 수 있는 것이다.'[2]

所謂眞者, 虛心絶慮, 保氣養精, 應物而不存於物, 養虛而同體於虛, 情意了然. 厥修元始, 六關嚴守, 一息恒存, 氣神不竭, 神氣相溶, 伏其氣於臍下, 守其神於身中, 神氣孚合, 關捩開通. 爾口說道, 道居何處, 心不忘道, 道已得焉. 體聖賢心, 行聖賢事, 方爲道矣. 吾承恩命, 接引衆生, 慧照汝等, 尚不信受, 妄行智巧, 播弄奸頑, 掩詐雜眞, 眞難領悟, 隨逐浮生, 無有仁德. 吾體天地之心爲心, 但願群迷普修慈善, 冥心注神, 神與氣符, 伏膺元氣, 勿喪三般.

이른바 진(眞)이란 것은 마음을 비워 상념을 끊고 기(氣)를 보존해 정(精)을 기르며, 사물에 응하되 거기에 있지 않고, 허(虛)를 기르되 허(虛)와 동화하면 정(情)과 의(意)가 명백해진다. 근본을 그렇게 닦으면, 육관(六關: 문지기)이 엄히 지켜 잠시라도 항상 존재하고, 기(氣)와 신(神)이 마르지 않으며 신(神)과 기(氣)가 서로 어우러져, 배꼽 아래에 그 기(氣)를 감추고 몸 가운데 그 신(神)을 지키니, 신(神)과 기(氣)는 붙고 합하여 문의 빗장이 열려 통한다. 그대의 입으로 도를 말하면 어디든지 도가 있어 마음으로 도를 잊지 않게 되고, 도를 이미 얻었다면 성현의 마음

---

2 『노자』 67장에 있는 말이다.

을 체득하고 성현의 일을 실행해야 비로소 도가 된다. 나는 은혜로운 천명을 받들어 중생을 제도하며 지혜로 그대들을 비추었다. 그럼에도 믿고 받아들이지 않고, 지혜와 재주를 망령되이 행하며, 간사함과 악함을 널리 즐기고, 거짓을 숨기고 참됨을 어지럽혀, 참됨[眞]은 깨달아 알기 어렵고 덧없는 인생을 따라 좇으니 어진 덕이 있을 리 없다. 나는 천지의 마음을 체득하는 것을 나의 마음으로 삼으니, 단지 중생이 널리 선을 베풂을 닦고, 마음을 고요히 하여 사색하고 신(神)을 모아 신(神)과 기(氣)가 부합하고 원기(元氣)를 깊이 간직하고 삼반(三般: 精氣神)을 잃지 말기를 원할 뿐이다.

今爲衆生, 開演易理, 論以前聖之訓, 譬曉玄微. 易包於道, 道包於易, 採而行之, 潛而修之, 默而守之, 勤而鍊之, 則神昇紫府, 位列仙班. 乾坤混合, 易象如斯, 一氣旣判, 兩儀之源, 窮神知化. 周匝環綿, 知微知彰, 隱顯難言, 綿綿不絶. 光範太玄, 自矜不長, 惟退可全, 守道以訥. 任兌必慾, 致中抱一, 履和而謙, 以卑而積, 以柔而堅. 心動爲意, 意轉情牽, 情牽著妄, 妄引多慾. 夫人之情也, 見物如虎之逐, 人之意也. 見物如龍之纏, 動心不滅, 照心難圓. 命在於腎, 性屬於乾, 心凝爲神, 神靜爲性. 窮理盡性, 混茫無端, 神歸無爲, 煉煆三元, 視而不見, 聽而不諨, 言而無聲, 萬慮俱捐.

이제 중생을 위하여 역(易)의 이치를 펼쳐 말하겠으니, 이전 성인의 가르침으로써 타이르고 현미한 도리를 비유하여 깨닫게 하겠다. 역(易)은 도에 포함되고, 도는 역(易)에 포함되니, 그것을 채택하고 행하며, 깊이 하여 닦고, 고요히 지키며, 부지런히 단련한다면, 곧 신(神)이 신선의 세계[紫府]에 오르고, 지위가 신선의 반열에 이를 것이다. 건곤(乾坤)이 혼합하니 역(易)의 형상이 이와 같다. 일기(一氣: 元氣)가 이미 나뉜 것이 양의(兩儀)의 근원이니 신(神)을 궁구하면 변화를 알 수 있다. 널리 퍼지고 두루 이어지니 은미함을 알고 드러남을 안다. 그 은미함과 드러남은 말로 표현하기 어려운데, 면면히 끊어지지 않는다. 광범(光範: 빛나는 모습)과 태현(太玄: 大道의 元氣)은 스스로 자랑하면 오래 가지 못하고, 오로지 물러나야 가히 보전할 수 있으니, 어눌함으로써 도를 지킨다. 날카로움[兌]에 임하면 반드시 허물을 저지르니, 중(中)에 이르러 일(一)을 품고 화(和)를 행하여 겸손히 하고, 낮춤으로써 쌓고 부드러움으로써 견고히 한다. 마음이 동하여 뜻[意]이 되고, 뜻이 돌아서 정(情)이 끌리며, 정(情)이 끌려서 허망함에 얽매이고, 허망함에 얽매여서 허물이 많아진다. 무릇 사람의 정(情)이란 것은 물건 보기를 범이 달리는 것같이 하는 것이다. 사람의 뜻[意]이라는 것은 물건 보기를 용이 휘감는 것같이 하는 것이다. 마음을 움직여봐도 사라지지 않고 마음을 비춰봐도 원만해지기 어렵다. 명(命)은 신장[腎]에 있고 성(性)은 건(乾)에 속하니 마음이 뭉쳐 신(神)이 되고 신(神)이 가라앉아 성(性)이 된다. 이치를 궁구하고 성(性)을 다함에 아득하여 끝이 없으니 신(神)이 무위(無爲)로 돌아가고, 삼원(三元: 精氣神 혹은 三丹田)[3]을 단련하니 보아도 보이지

---

3 삼원(三元)의 뜻은 다양하지만, 내단에서는 주로 정기신(精氣神) 혹은 삼단전(三丹田)을 의미한다. 이때 연정화기(煉精化氣: 精을 쌓아 氣로 변화시키는 단계로서 하단전을 중심으로 진기를 축적하여 순양의 氣로 변화시킴)를 이루면 인원(人元), 연기화신(煉氣化神: 氣를 단련하여 神에 합일하는 단계로서 본성과 선천의 기운이 결합하는 과정)을 이루면 지원(地元), 연신환허(煉神環虛: 神을 단련하여 虛로 돌아가는 단계로서 정신적 초월을 통해 몸과 마음이 완전한 자유를 얻음)를 이루면 천원(天元)이라고 한다. 戴源長, 『仙學辭典』(臺北: 眞善美出版社, 1978), p.25; 이근철,

않고 들어도 드러나지 않고 말해도 소리가 없어 온갖 생각이 다 없어

진다.

五行之道, 水火化焉. 水火相洽, 水火相兼, 火中有土, 水中有焰, 火
既生土, 三姓以全, 以土制水, 水溢必旋, 導水濟火, 水火交歡. 金木合
倂, 氣神相連, 金情木性, 驅煉膠粘, 中宵漏永, 光透重簾, 溫和頤養, 升
汞降鉛, 金浮木墜, 赤日當天, 火要水濟, 水賴火灸, 以柔制剛, 剛柔連
綿, 煉成一塊, 非汞非鉛, 能升能降, 號曰胎仙. 運火煉藥, 神與炁纏, 以
火喩神, 以氣喩藥, 以神合氣, 氣足神全. 河車之數, 運氣周天, 心息相
依, 腹存自鑞. 戊土從坎, 進之陽火, 己土從離, 退之陰符, 進合與退, 含
之太玄. 元海之竅, 循之泥丸, 五炁混合, 萬象朝天.

오행의 도는 수화(水火)가 화(化)하는 것이다. 수와 화는 서로 부합하
고, 수와 화는 서로 아우르니, 화 가운데 토가 있고, 수 가운데 불꽃[火]
이 있어, 화는 이미 토를 낳은 것이며, 삼성(三姓: 水, 火, 土)으로써 온전해
진다. 토로써 수를 제어하며[土克水], 수가 넘치면 반드시 돌아 흐르고,
수를 끌어들여 화를 구제하니, 수와 화의 사귐이 즐겁다. 금과 목이 합
하여 기(氣)와 신(神)이 서로 이어진다. 금은 정(情)이고 목은 성(性)이니,
몰아 단련하면 (금과 목이) 들러붙는다. 기나긴 밤 가운데에 빛이 촘
촘한 발을 꿰뚫도록 온화하게 마음을 가다듬어 수양한다. 홍(汞: 수은,
金情, 火體)을 올리고 연(鉛: 납, 木性, 水體)을 내리면,[4] 금은 뜨고 목은 가라

─────────

「수승화강에 나타난 내단적 연구」,『도교문화연구』29 (2008), p.183; 쫑자오
평(편), 앞의 책, pp.309-310 참조.

4 도교에서 수은과 납은 단약(丹藥)을 만드는 재료로 알려져 있다. 수은[汞]은 근
본이 화체(火體)인 금정(金情), 납[鉛]은 근본이 수체(水體)인 목정(木性)이다.

앉으니 붉은 해가 중천에 뜨는 격이다. 화는 수의 도움을 필요로 하고, 수는 화의 지지를 의뢰하니, 부드러움으로써 강함을 제압하되 강함과 부드러움이 이어져 하나의 덩어리를 연성하니, 수은도 아니고 납도 아니면서 능히 오르고 능히 내릴 수 있다. 이를 태선(胎仙)[5]이라고 한다. 화를 운행하여 약(藥)을 연단함에 신(神)과 기(氣)가 얽히니, 화로써 신(神)을 일깨우고 기(氣)로써 약(藥)을 일깨우며 신(神)으로써 기(氣)를 합치면 기(氣)가 충족되고 신(神)이 온전해진다. 하거(河車)의 수에 기(氣)를 운행하여 주천(周天)하며,[6] 마음과 호흡이 서로 의지해 뱃속이 자연히 밝아진다. 무토(戊土)는 감(坎)을 따라 양화(陽火)[7]로 나아가고, 기토(己土)는 리(離)를 따라 음부(陰符)[8]로 물러난다. 나아감은 물러남과 부합하여 태현(太玄: 大道의 元氣)을 머금는다. 원해(元海)[9]를 통해 니환(元海: 상단전)을 순환하니, 오기(五氣)가 혼합하고 만상(萬象)이 하늘을 배알한다.

수은과 납을 솥에 넣고 제련하여 약을 만들어 먹으면 장생하는 신선이 된다고 한다. 김승동, 『도교사상사전』 (부산: 부산대학교 출판부, 2004), p.866.

5 탈태하여 신선이 되는 것. 같은 책, p.1474.

6 하거(河車)란 내단법에서 원기(元氣)가 임맥과 독맥을 통하여 위아래로 운행한다는 것을 의미한다. 100일을 수련하면 원기가 임맥과 독맥을 거쳐 몸을 한 바퀴 도는데, 이것을 소하거(小河車) 또는 소주천(小周天)이라고 한다. 이것이 세 번 반복되면 대하거(大河車) 또는 대주천(大周天)이라고 한다. 쫑자오펑(편), 앞의 책, pp.838-839 참조.

7 내단 수련에서 기를 임맥과 독맥을 통하여 순환시킬 때, 기가 나아가서[進] 불과 같이 그 열기를 발하는 때를 말한다. 戴源長, 앞의 책, p.137.

8 내단 수련에서 기를 임맥과 독맥을 통하여 순환시킬 때, 기가 물러나서[退] 어두움[陰=暗]에 부합할 때[符=合]를 의미한다. 그러므로 기의 움직임은 양화(陽火)와 음부(陰符) 사이를 오고 가는 것으로 설명된다. 같은 책, p.136.

9 모든 물이 바다로 모이는 것과 같이, 원기(元氣)가 모여서 도는 곳. 같은 책, p.49.

時人不識, 附會亂傳, 人道未了, 仙道難全, 欲修眞道, 人道合仙, 叅
而行之. 仙聖同肩, 受形父母, 體合情緣, 移神脫氣, 朔晦嬋娟, 二氣相
資, 龜蛇盤旋, 混聚凝結, 胞胎是全. 溫養十月, 體符先天, 劈開混沌, 顯
象燦然, 懷育乳哺, 母形羸煎, 子漸養成, 體固神完. 脫氣化育, 罔極昊
天, 所云脫化, 妙理幽玄. 胎元之道, 符合坤乾, 陽施陰受, 情性交連.

그 당시 사람들이 알지 못해 견강부회하여 어지러이 전했으니, 인
도(人道)가 밝지 못하고 선도(仙道)가 보전되기 어려웠다. 참된 도를 수
양하고자 한다면 인도(人道)가 선(仙)에 부합하니 참여하여 그것을 행
하여야 한다. 신선과 성인(聖人)은 어깨를 나란히 한다. 부모에게 형체
를 받으니, 육체가 남녀의 인연에 따라 합해지고 신(神)을 옮기며 기(氣)
를 다해, 초하루 그믐 아름다운 날에 두 기(氣)가 서로 도와 거북과 뱀
이 서로 휘감듯 둘러[龜蛇盤旋] 뭉쳐 포태(胞胎)가 온전하게 된다. (뱃속에)
따뜻하게 기르기를 10개월이니, 선천(先天: 형체가 생겨 출생하기 이전)을 체
득하여 부합하고 쪼개어서 혼돈을 열어놓으니 형상을 드러냄이 찬란
하다. 품어서 기르고 젖을 먹이니 모친의 몸은 여위어지고 자식은 점
차 자라서 육체가 견고해지고 신(神)이 완전해진다. 기(氣)를 다하여 화
육시켰으니, 은혜는 하늘처럼 망극하다. 이른바 탈화(脫化: 기를 다해 화
육시킴)라는 것이니, 그 묘리는 심오하다. 태원(胎元)[10]의 도는 곤건(坤乾)
과 부합하니, 양이 베풀고 음이 받아서 정(情)과 성(性)이 서로 이어지는
것이다.

---

10 어머니의 몸 안에서 태아를 기르는 원기(元氣). 단국대학교 동양학연구소(편),
『漢韓大辭典』 11 (서울: 단국대학교 출판부, 2008), p.406.

今世迷途, 散內溺外, 七情被纏, 六根頓壞, 失本忘眞, 不知警戒, 火燥水崩, 氣離神敗. 顧子恤妻, 掌中珠愛, 父母洪恩, 眼中塵礙, 不孝悖逆, 罪愆廣大. 汝旣惜子, 當惜父母, 汝若孝親, 子亦孝汝, 汝不敬親, 子亦違忤. 父母衰顏, 電光草露, 感氣受形, 當思乳哺.

지금의 세상은 길을 잃었으니, 내면을 흩어버리고 외물에 빠져 칠정(七情)[11]에 얽매이고 육근(六根)[12]이 둔해지고 무너져 근본을 잃고 참됨을 잊어 경계함을 알지 못하니, 화(火)가 고갈되고 수(水)가 무너져 기(氣)가 흩어지고 신(神)이 무너진다. 자식 돌보고 처 사랑하기를 손바닥 속 구슬 아끼듯 하면서, 부모의 큰 은혜는 눈 속의 티끌처럼 거북스레 여기니, 불효하고 패역한 그 죄와 허물이 매우 크다. 그대가 이미 자식을 아낀다면 마땅히 부모도 아껴야 한다. 그대가 만약 부모에게 효도하면 자식 역시 그대에게 효도하고, 그대가 부모를 공경하지 않으면 자식 역시 어긋나고 거스를 것이다. 부모의 노쇠한 얼굴은 번갯불이나 풀의 이슬과 같다. 기(氣)에 감응하여 형상을 받았으니 마땅히 젖을 먹여준 은혜를 생각해야 한다.

吾今垂經, 首孝爲務, 五行之先, 百行之路, 順其志願, 天神擁護. 活祖不參, 歲月空度, 不孝之輩, 身劈雷部. 報應昭明, 速當醒悟, 暗室可欺於心, 神明難以掩飾, 欲學仙道長生, 修人道爲急. 易曰憧憧往來, 朋從爾思, 氣和乃神之衢, 精化乃藥之務, 還精補腦. 如濛如霧, 以無生有,

---

11 기쁨[喜]·노여움[怒]·슬픔[哀]·즐거움[樂]·사랑[愛]·미움[惡]·욕심[欲].
12 사람의 인식(認識)을 만들어내는 안[眼]·이[耳]·비[鼻]·설[舌]·신[身]·의[意].

世罕修也, 天形何以長, 門樞何不蠹, 內照慧寶光, 燦爍明珠府. 衆生所以不能悉心領悟者, 由乎情著於物, 思迷於愛也. 若致柔以怡, 廻骸反視, 則道斯存矣.

　내 이제 경(經)을 전수하니, 오행의 서두와 모든 행동의 길에서 효를 으뜸으로 하여 힘쓰고 그 뜻을 기원하며 따르면 천신(天神)이 옹호할 것이다. 근본을 지니고 있는 마음[活祖]을 수행에 참여시키지 않고[13] 세월을 헛되이 보내는 불효한 무리는 뇌부(雷部)의 벼락을 받을 것이다. 인과응보가 분명하니 조속히 깨달아야 한다. 어두운 방에서 마음을 속일 수는 있어도 신명에게 숨길 수 없다. 선도(仙道)의 장생(長生)을 배우고자 한다면, 먼저 인도(人道)를 닦는 것을 급선무로 삼아야 한다. 역(易)에 이르기를 "끊임없이 오가면 벗이 그대의 생각을 따르리라."[14]고 한다. 기화(氣和)[15]는 곧 신(神)의 통로이며 정화(精化)[16]는 약물의 일이니, 정(精)을 되돌려 뇌(腦)를 보강한다.[17] 마치 안개가 낀 듯 흐릿하

13　'활조(活祖)'란 중생의 마음이 깨달은 자의 마음과 같음을 의미하는 말이다. 활조(活祖)가 불참(不參)한다는 것은, 깨달은 자의 마음과도 같은 근본을 가지고 있는 자신의 마음을 수행에 참여시키지 않음을 뜻한다. 한국불교 대사전 편찬위원회, 『불교대사전』 7 (서울: 명문당, 1999), p.333.

14　『주역』 31번째 괘인 '택산함괘(澤山咸卦)'에 나오는 내용이다.

15　인체의 내기(內氣)를 부드럽게 순화시켜 임맥과 독맥을 통해 순환시킴을 의미한다. 김승동, 앞의 책, p.162 참조.

16　정(精)은 생명의 근원이자 생명을 화육하는 것으로서, 움직이면 몸속에 수액(水液)을 생산한다. 내단에서는 이 정(精)의 상태에 따라 생명이 노쇠할지 장수할지를 판단하기 때문에, 정(精)을 곧 연단할 약물로 여겼다. 정화(精化)는 정(精)을 연단하는 것을 의미한다. 쫑자오펑(편), 앞의 책, pp.805-806 참조.

17　도교 내단에서 뇌(腦)는 단순한 장기가 아니라, 구천의 신(神)들이 머무는 곳이다. 뇌 안에는 9개의 방[九眞]이 있으며 여기에 정신을 집중하고 기를 모아서[存思] 그 각각에 거주하는 신들과 교합하고자 한다.

고, 무로써 유를 낳으나 세상에는 닦는 이가 드물다. 하늘의 형상이 어째서 길고, 대문의 지도리가 어째서 좀 먹지 않는가? 안으로 지혜와 보배의 빛을 비추어 금단(金丹)[18]이 있는 곳을 빛내서이다. 중생이 마음을 다하여 깨달아 앎을 할 수 없는 까닭은 감정이 사물에 얽매이고 사고가 애착에 미혹되기 때문이다. 만약 유연함을 극진히 하여 온화해지고 육신을 돌이켜 본다면 곧 도가 여기에 보존될 것이다.

廣成子曰, 無視無聽, 抱神以靜. 詩曰, 上天之載, 無聲無臭. 西方學曰, 無智無得, 無所得故. 太上曰, 反者道之動, 弱者道之用, 大音希聲, 大象無形, 俗人昭昭, 我獨若昏, 夫天地之所以長久者, 以其不自生也, 大哉聖賢之言乎.

광성자(廣成子: 고대의 仙人)가 말하기를 "보려고 하지도 말고 들으려 하지도 말고, 신(神)을 간직한 채 고요함을 유지하면 …"이라고 하고,[19] 『시경(詩經)』에 이르기를 "위 하늘의 일이란 소리도 없고 냄새도 없는 것이라." 하고,[20] 서역의 학[佛敎]에 이르기를, "지혜도 없으며, 얻는 것도 없으니, 얻는 바가 없으므로 …."라고 하고,[21] 태상(太上: 노자)이 이르기를, "거꾸로 되돌리는 것이 도의 움직임이요, 약해지게 하는 것이 도의 작용이다.",[22] "아주 큰 소리는 들을 수 없고 아주 큰 형상은 형태

18 도교 내단에서 명주(明珠)란 불로장생을 가능하게 하는 금단(金丹)을 말한다. 정(精)을 연단하면 몸 내부의 수액(水液)이 옥액(玉液)으로 바뀌는데 그 연단된 옥액의 모습이 마치 한밤중에 빛나는 달과 같다고 하여 명주(明珠)로 불린다. 戴源長, 앞의 책, p.94.
19 『장자(莊子)』 외편 「재유(在宥)」에 있다.
20 『시경(詩經)』 「대아(大雅)・문왕지습(文王之什)」에 있다.
21 『반야심경(般若心經)』에 있다.

가 없다.",²³ "세상 사람들 다 똑똑한데 나만 홀로 어리석다.",²⁴ "무릇 천지가 장구하는 까닭은 그 스스로를 위해 살지 않기 때문이다."²⁵ 하니, 위대하도다, 성현의 말이여!

論語有曰, 毋必毋固. 孟子有曰, 勿忘勿助, 皆存神馭氣之階也, 今人不自知耳. 養氣之道, 要在綿綿, 譬如流水之曲暢, 恍若飛雲之凌空, 猶似圓珠之滾盤, 悉如嬰兒之無我. 毛詩曰, 闇然日章, 壁經曰, 其心休休, 豈非皆聖語哉. 今古聖賢, 若車同軌.

『논어』에 "반드시 그렇다고 함이 없으며, 집착함이 없다."는 말이 있고,²⁶ 『맹자』에 "잊지도 말고 조장하지도 마라."는 말이 있으니,²⁷ 이는 모두 신(神)을 보존하고 기(氣)를 제어하는 단계이다. 지금 사람들 이 스스로 알지 못할 뿐이다. 기(氣)를 기르는 방도는 요점이 끊임이 없음[綿綿]에 있다. 비유하자면 마치 흐르는 물이 두루 통하는 것 같고, 황홀하게 나는 구름이 하늘 높이 오르는 것 같고, 둥근 구슬이 쟁반에 구르는 것 같으니, 모두 어린아이의 무아지경과 같다. "『모시(毛詩: 시경)』에 이르기를 '어두우면서도 날로 드러난다.'고 하고",²⁸ 벽경(壁經)²⁹에

---

22 『노자』 40장에 있다.
23 『노자』 41장에 있다.
24 『노자』 20장에 있다.
25 『노자』 7장에 있다.
26 『논어』「자한(子罕)」에 의하면, 공자는 억측하는 뜻이 없으며[毋意], 반드시 그 렇다고 하지 않았으며[毋必], 집착함이 없으며[毋固], 나만이 옳다고 하지 않 았다[毋我].
27 『맹자』「공손추장구상(公孫丑章句上)」에 있다.
28 『중용』에 나온다. 원문은 다음과 같다. "詩曰, 衣錦尙絅, 惡其文之著也. 故君 子之道, 闇然而日章, 小人之道, 的然而日亡(『시경』에서 말하기를 '비단옷을 입

이르기를, "그 마음씨가 아름답다."고 하니,[30] 어찌 다 성현의 말이 아니리오! 고금의 성현은 마치 수레가 바퀴 폭을 같이 하는 것과 똑같도다.[31]

世俗無知, 妄分三教. 不識千燈處一室共明, 萬法循一理共聖, 不參至理玄微, 妄執是非人我, 尋枝摘葉, 鼓舌誇脣, 遘蔽著迷, 盲修瞎煉, 後之學者, 盡被鼓引而不悟也. 但願衆生, 精進於道, 貫心於誠, 莫泥於象, 莫著於文, 尊師親友, 虛己以敬, 默然悟之, 長生可躋矣.

세상 사람들은 알지 못하고 망령되이 삼교(유불도)를 구분한다. 그들은 천 개의 등불이 하나의 방에 있어 함께 밝히고 만 가지 법이 하나의 이치를 따라 돌아 함께 성스럽게 하는 줄 알지 못하니, 지극한 이치와 현미한 도리에 참여하지 않고, 망령되이 시비나 남과 나에 집착하여 지엽적인 것만 들추어내고, 자랑질하는 입만 지껄여대니 덮여버려 미혹됨이 나타나고, 맹목적인 수련을 하니 후대의 배우는 자들이 모조리 다 이끌려 깨닫지 못하는 것이다. 다만, 중생들이 도에 정진하고, 정성에 마음을 두며, 형상에 구애되지 말고, 글자에 집착하지 말며, 스승을 받들고 벗들과 친밀하며, 자신을 비우기를 공경으로써 하고, 묵묵히 그것을 깨우쳐, 장생(長生)을 가히 이루는 것을 바랄 뿐이다.

고 홑 겉옷을 걸친다'고 하였으니, 그 문체가 드러나는 것을 꺼리는 것이다. 그러므로 군자의 도는 어두우면서도 날로 드러나고, 소인의 도는 뚜렷하면서도 날로 사그라지는 것이다)."

29 공자의 옛집에서 발견된 서경의 고본. 즉 고문상서(古文尙書)를 말한다.

30 『서경』「진서(秦誓)」에 있다.

31 『중용』의 '천하차동궤(天下車同軌)'에서 나온 말로서, 천하를 통일하여 수레 바퀴의 폭을 동일하게 함을 의미한다.

即說咒曰, 北一天地精, 普化於萬靈, 乾坤能轉軸, 龍虎潛眞蹤, 六魔以消盪, 三元景燦明, **烏兎結中谷, 龜蛇盤內庭**, 遊行超宇宙, 掌握回死生, 驅掣雷電光, 鬼怪悉潛形, 敢有違逆者, 劈體如纖塵, 慧光所照處, 災厄悉和平, 敬受而誦讀, 名奏於天宮.

그러고는 곧 주문을 읊었다. "북일(北一)은 천지의 정수여서 온갖 영(靈)들이 두루 화(化)하도록 한다. 건곤은 능히 축(굴대)을 돌리니, 용호(龍虎)는 참된 종적[眞蹤]에 잠겨 드는구나. 육마(六魔)는 그로써 소탕되어 삼원(三元)[32]의 경관이 찬란하도다. 까마귀와 토끼[烏兎]는 가운데 골짜기[中谷]에서 모이고, 거북과 뱀[龜蛇]은 내정(內庭)에서 휘감는다. (이들이) 움직이고 나아감은 우주를 뛰어넘는 것이요, (이들이) 손에 쥔 것은 죽음과 삶을 돌리는 것이다. (이들이) 몰아서 끌어당기는 것은 번갯불이니, 귀신과 요괴는 모두 숨어버리게 된다. 감히 (귀신과 요괴가) 거역한다면 몸을 쪼개어버리기를 산산이 부서진 티끌처럼 하리라. 지혜의 빛이 이르는 곳마다 재앙은 사라지고 모두가 다 화평해지리라. 공손히 받들어 읊어 읽으니, 이름이 하늘의 궁궐에 도달하는도다."

眞人說經已畢, 時有祥雲香靄, 瑞氣盤旋, 鶴馭碧空, 師回駕已. 衆等悉皆稽首俯伏, 作禮信受而退.

진인(여동빈)이 경을 다 설하고 나자, 그때 상서로운 구름과 향기 나는 아지랑이가 피어나고 상서로운 기운이 휘돌아 감돌면서, 조사(祖

師: 여동빈)가 선인(仙人)의 수레를 타고 창공에서 날아돌아가는 일이 있
었다. 중생들이 모두 함께 머리를 조아려 엎드리고, 배례하며 믿고 받
아들이며 물러났다.

　己上二品著於廣陵.
　지금까지 말한 이품[五行端孝品第二]의 글은 광릉(廣陵)에서 기록된 것
이다.

참고문헌

1. 원전류

『高麗史』.
『國語』.
『國朝喪禮補編』.
『論語』.
『道德經』.
『道藏』.
『東醫寶鑑』.
『孟子』.
『封神演義』.
『史記』.
『三國遺事』.
『說文解字』.
『說苑』.
『宋史』.
『詩經』.
『詩經講義』.
『新序』.
『呂祖全書』.
『禮記』.
『五洲衍文長箋散稿』.
『長安志』.
『莊子』.
『朱文公文集』.
『朱子語類』.
『中宗實錄』.
『楚辭箋註』.
『太宗實錄』.
『黃庭內景經』.
『黃庭外景經』.

2. 자료

김하정,『성재일지』, 필사본.
대순진리회 교무부,『대순지침』2판, 여주: 대순진리회 출판부, 2012.
_______________,『대순회보』11, 1989.
_______________,『전경』13판, 여주: 대순진리회 출판부, 2010.
_______________,『종단 대순진리회(화보집)』, 서울: 대순진리회 출판부, 1999.
대순진리회 기획부,「『대순 연혁(1969.5~1988.7)』, 필사본, 1988.
태극도 본부 교화부,『태극도 안내서』, 부산: 태극도 본부 교화부, 1966.
_______________,『태극도 월보』3, 1967.9.25.
_______________,『태극도 월보』4, 1967.10.25.
_______________,『태극도 월보』5, 1967.11.25.
_______________,『태극도 월보』7, 1968.1.25.
_______________,『태극도 월보』12, 1968.6.25.
殷时学·陶涛 主编,『羑里城志』, 汤阴: 汤阴县美里城博物馆, 2007.

3. 논저류

게라두스 반 데르 레우후,『종교와 예술: 聖과 美의 경계에 대한 현상학적 이해』,
    윤이흠 옮김, 서울: 열화당, 1991.
구보 노리따다,『도교사』, 최준식 옮김, 칠곡: 분도출판사, 2000.
금장태,「고대중국의 신앙과 제사: 그 구조의 종교사학적 고찰」,『종교연구』1,
    1972.
김낙필,「도교 수행론에서의 심과 기」,『도교문화연구』33, 2010.
______,「백옥섬의 도심불이론(道心不二論)」,『마음의 인문학: 동서양의 마음 이
    해』, 고양: 공동체, 2013.
김승혜,「신비주의 시각에서 본 도교」,『한국도교문화의 초점』, 서울: 아세아문화
    사, 2000.
김윤경,「19세기 조선 최초의 교단 도교, 무상단(無相壇) 연구:『문창제군몽수비
    장경』을 중심으로」,『한국철학논집』63, 2019.
김윤수,「『도장집요(道藏輯要)』와 장여포(蔣子蒲)」,『도교문화연구』17, 2002.
______,「고종시대의 난단도교」,『동양철학』30, 2008.
김일권,「조선후기 도교 권선서의 삼제군 신격과 명청대 국가의례 전개 고찰: 19세
    기 도교언해서『과화존신』과『삼성훈경』을 중심으로」,『도교문화연구』
    51, 2019.
김한규,『고대 중국적 세계질서연구』, 서울: 일조각, 1982.
남궁선,「불교 불식육계(不食六戒)의 생태학적 고찰」,『선문화연구』10, 2011.

마노 다카야, 『도교의 신들』, 이만옥 옮김, 서울: 들녘, 2001.

M. 엘리아데, 『상징, 신성, 예술』, 박규태 옮김, 서울: 서광사, 1991.

박배형, 「직관에서 표상으로」, 『헤겔연구』 34, 2013.

박상규, 「대순 신앙의 천계(天界) 관념: 무극도를 중심으로」, 『종교연구』 82-2, 2022.

박인찬, 「사물의 시대에 오신 것을 환영함」, 『현대영미소설』 24-2, 2017.

박지현, 「희생과 신성: 중국의 자고(紫姑) 신앙 분석」, 『중국학보』 52, 2005.

______, 「중국의 부계(扶乩)신앙과 문인문화」, 『중국문학』 56, 2008.

상기숙, 「대만 민간신앙의 동계(童乩) 연구」, 『동방학』 32, 2015.

서재영, 『선의 생태철학』, 서울: 동국대학교 출판부, 2007.

오승은, 『서유기』, 서울대학교 서유기 번역연구회 옮김, 서울: 솔출판사, 2008.

월터 캡스, 『현대종교학 담론』, 김종서 외 옮김, 서울: 까치글방, 1999.

이근철, 「수승화강에 나타난 내단적 연구」, 『도교문화연구』 29, 2008.

이도순, 『중화집(中和集)』, 박용철 옮김, 서울: 파라북스, 2017.

이병렬, 『하늘의 길, 고인돌에 새기다』, 서울: Holidaybooks, 2025.

이봉호, 「조선시대 『참동계』 주석서의 몇 가지 특징」, 『도교문화연구』 29, 2008.

이성구, 「사신의 형성과 현무의 기원」, 『중국고중세사연구』 19, 2008.

이원국, 『내단: 심신수련의 역사 1』, 김낙필 외 옮김, 서울: 성균관대학교 출판부, 2006.

장병길, 『대순종교사상』, 서울: 대순진리회 출판부, 1989.

장봉선, 『정읍군지』, 전북: 이로재, 1936.

정관도, 『지리전도서』, 서울: 지선당, 2002.

정약용, 『역주 시경 강의 4』, 실시학사 경학연구회 옮김, 서울: 도서출판 사암, 2008.

정우진, 『몸의 신전: 황정경 역주』, 고양: 소나무, 2019.

정진홍, 「종교와 예술」, 『한국종교사연구』 11, 2003.

정통침뜸교육원 교재위원회, 『경락경혈학』, 서울: 정통침뜸연구소, 2008.

종단역사연구팀, 「서울 부암동」, 『대순회보』 194, 2017.

종리권·여동빈, 『종려전도집(鍾呂傳道集)』, 이봉호 외 옮김, 서울: 세창, 2013.

지혜경, 「道·佛 수행론의 차이」, 『도교문화연구』 23, 2005.

진기환, 『중국의 토속신과 그 신화』, 서울: 지영사, 1996.

차선근, 「대순진리회 상제관 연구 서설(Ⅱ): 15신위와 양위상제를 중심으로」, 『대순사상논총』 23, 2014.

______, 「대순진리회 마음관 연구 서설」, 『신종교연구』 36, 2017.

______, 「칠성주의 '문곡'과 '육순'」, 『대순회보』 237, 2020.

______, 『현대종교학과 대순사상: 비교연구 방법과 적용』, 서울: 박문사, 2023.

첨석창, 「정북창의 내단사상과 현대적 가치」, 『북창 정렴 깊이 읽기』, 서울: 책미래,

2021.
하치야 구니오, 『중국 사상이란 무엇인가』, 한예원 옮김, 서울: 학고재, 1999.
한영우, 『<반차도>로 따라가는 정조의 화성 행차』, 파주: 효형출판, 2007.

李学勤 主编, 『字源』, 天津: 天津古籍出版社, 2013.
黎志添, 「清代四種《呂祖全書》與呂祖扶乩道壇的關係」, 『中國文哲研究集刊』
　　42, 2013.
黎志添, 「明清道教呂祖降乩信仰的發展及相關文人乩壇研究」, 『中國文化研究所
　　學報』 65, 2017.
灵台县志编纂委员会, 『灵台县志』, 岐山: 西岐山印刷厂, 1988.
刘次沅·张铭洽, 「陕西关中古代天文遗存」, 『陕西天文台台刊』. 1992年 第2期.
张新民, 「西伯侯灵台祭天」, 『灵台史话』, 甘肃: 甘肃文化出版社, 2007.

Bosman, Frank G., "When Art is Religion and Vice Versa. Six Perspectives on the
　　Relationship between Art and Religion," *Perichoresis* 18:3, 2020.
Braunlein, Peter J., "Thinking Religion Through Things: Reflections on the
　　Material Turn in the Scientific Study of Religion/s," *Method & Theory in
　　the Study of Religion* 28:4-5, 2016.
Cha, Seon-Keun, "Is Sacred Site Discovered? Or Created?: A Case Study of
　　Daesoon Jinrihoe," in David W. Kim eds., *Scared Sites and Sacred
　　Stories Across Cultures: Transmission of Oral Tradition, Myth and
　　Religiosity*, Basingstoke: Palgrave Macmillan, 2021.
Fleming, Benjamin J. and Mann, Richard D., "Introduction: Material Culture and
　　Religious Studies," in Benjamin J. Fleming and Richard D. Mann, eds.,
　　Material Culture and Asian Religions: Text, Image, Object, New York:
　　Routledge, 2014.
Ioannides, George, "The Matter of Meaning and the Meaning of Matter:
　　Explorations for the Material and Discursive Study of Religion," in Frans
　　Wijsen and Kocu von Stuckrad, eds., *Making Religion: Theory and
　　Practice in the Discursive Study of Religion*, Boston: Brill, 2016.
Keenan, William and Arweck, Elisabeth, "Introduction: Material Varieties of
　　Religious Expression," in Elisabeth Arweck and William Keenan, eds.,
　　Materializing Religion: Expression, Performance and Ritual, Aldershot,
　　England: Ashgate, 2006.
Kieschnick, John, *The Impact of Buddhism on Chinese Material Culture*,
　　Princeton: Princeton University Press, 2003.
King, Wiston L., "Religion," in Mircea Eliade, chief eds., *The Encyclopedia of*

Religion 12, New York: Macmillan Publishing Company, 1987.

Miller, Daniel, "Material Culture," in Tony Bennett and John Frow, eds., *The Sage Handbook of Cultural Analysis*, Los Angeles: Sage, 2008.

Nongbri, Brent. *Before Religion: A History of A Modern Concept*, New Haven: Yale University Press, 2013.S.

Plate, Brent, "Material religion: An introduction," in S. Brent Plate, eds., *Key Terms in Material Religion*, New York: Bloomsbury Academic, 2015.

4. 기타

가산불교문화연구원,『伽山佛敎大辭林』, 서울: 가산불교문화연구원 출판부, 1998.

김승동,『불교·인도사상사전』, 부산: 부산대학교출판부, 2001.

______,『도교사상사전』, 부산: 부산대학교 출판부, 2004.

단국대학교 동양학연구소(편),『漢韓大辭典』1, 서울: 단국대학교 출판부, 2000.

______________________,『漢韓大辭典』2, 서울: 단국대학교 출판부, 2000.

______________________,『漢韓大辭典』5, 서울: 단국대학교 출판부, 2003.

______________________,『漢韓大辭典』11, 서울: 단국대학교 출판부, 2008.

______________________,『漢韓大辭典』14, 서울: 단국대학교 출판부, 2008.

사가데 요시노부(편),『도교백과』, 이봉호 외 옮김, 포천: 대순사상학술원, 2018.

쫑자오펑(편),『도교사전』, 이봉호 외 옮김, 서울: 파라북스, 2018.

한국민속사전 편찬위원회 엮음,『한국민속대사전』, 서울: 민족문화사, 1991.

한국불교 대사전 편찬위원회,『한국불교대사전』4, 서울: 명문당, 1999.

______________________,『한국불교대사전』7, 서울: 명문당, 1999.

한국정신문화연구원, 『한국민족대백과사전』 1, 성남: 한국정신문화연구원, 1988.

戴源長,『仙學辭典』, 臺北: 眞善美出版社, 1978.

臧励龢 等编,『中国古今地名大辞典』, 上海: 上海书店出版社, 2015.

대순진리회 여주본부도장 홈페이지, http://daesoon.org/about/bible.doheon.php (검색일 2025.12.31.)

漢典, https://www.zdic.net/hans/%E5%85%A7%E5%BB%B7 (검색일 2020. 11.5.)

"文王" https://baike.baidu.com

"灵台遗址" https://baike.baidu.com

"丰镐" https://baike.baidu.com

"姬昌" https://baike.baidu.com

OpenAI. (2025), ChatGPT (5.2, 2025.12.11),. [대형언어모델(LLM)],
  https://chatgpt.com/ p.67의 <그림 22>는 AI 도구로 생성한 것임.

(ㄱ)

감천(甘川) 66, 124
강계(降乩) 109, 111, 112, 113, 117
강계신앙(降乩信仰) 109, 112
강신술(降神術) 109, 110, 111
강태공(姜太公) 31, 32, 81, 82, 83, 84, 85, 86
경재잠(敬齋箴) 54, 56, 57
고공단보(古公亶父) 27
고영대(古靈臺) 7, 26, 32, 34, 38, 39
관상감(觀象監) 18, 23
관성제군(關聖諸君) 135, 137, 138
관천대(觀天臺) 18, 23
구대(龜臺) 140, 141, 143, 149, 150, 151, 152
구사(龜蛇) 7, 96, 122, 124, 126, 127, 131, 142, 143, 144, 145, 146, 147, 149, 150
구사대(龜蛇臺) 140, 141, 142, 143, 149, 150, 151, 152
구사반내정(龜蛇盤內庭) 98, 99, 118, 121, 125, 127, 130
구천응원뇌성보화천존(九天應元雷聲普化天尊) 66, 135
귀복(龜卜) 33
기산(岐山) 27, 28, 29, 31, 32, 40, 82, 83

(ㄴ)

난단도교(鸞壇道敎) 105, 109, 111, 116, 117
내단 60, 62, 63, 86, 118, 122, 123, 124, 130, 167, 171, 173, 176, 177
내단술(內丹術) 97, 107, 122, 127, 131, 142
내정(內庭) 5, 6, 7, 8, 9, 10, 91, 92, 93, 94, 95, 96, 97, 99, 100, 105, 109, 112, 113, 117, 118, 119, 120, 121, 122, 124, 127, 128, 129, 130, 131, 132, 133, 135, 139, 140, 141, 142, 143, 149, 150, 151, 152, 153, 154, 155, 156, 180

(ㄷ)

단전(丹田) 60, 61, 62, 128, 129, 131, 142
달계하(达溪河) 32
대(臺) 17, 18, 22, 23, 25, 26, 37
대강전(大降殿) 5
대순지침 102, 151
대순진리회 5, 6, 7, 8, 9, 10, 64, 65, 66, 69, 70, 71, 72, 76, 79, 80, 81, 84, 85, 86, 87, 88, 92, 93, 96, 108, 109, 112, 117, 118, 124, 129, 130, 131, 132, 135, 137, 138, 139, 150, 151, 152, 153, 155,

저자 약력

차선근

현재 대진대학교 대순종학대학 학장, 대순사상학술원 사무국장 겸 편집위원장, 대순종학회 회장, 한국종교사회연구소 소장, 대순종학연구소 소장, 한국종교학회 이사, 한국신종교학회 이사를 맡고 있다. 현대종교학의 연구 접근법들을 활용하여 대순종학을 학문화하는 작업, 그리고 화해와 치유 및 생태와 윤리 연구에 매진하고 있다. 최근의 주요 연구 성과로는「화해학의 등장과 종교화해학의 가능성」(2025),「『2024 학술표준분류 해설서』의 종교학 분야 비판적 검토」(2025),「대순종학 연구의 성과와 전망」(2024),「국가 멸망을 해원(解冤)의 관점에서 조명하기: 백제·고구려·신라·후백제의 멸망을 중심으로」(2023),『현대종교학과 대순사상: 비교연구 방법과 적용』(2023) 등이 있다.

성스러운 건축과 물질종교
대순진리회의 영대와 내정, 신앙이 공간 위에 얹어질 때

초 판 인 쇄	2026년 03월 23일
초 판 발 행	2026년 04월 01일
저　　　자	차선근
발 행 인	윤석현
발 행 처	박문사
책 임 편 집	최인노
등 록 번 호	제2009-11호
우 편 주 소	서울시 도봉구 우이천로 353
대 표 전 화	02) 992 / 3253
전　　　송	02) 991 / 1285
전 자 우 편	bakmunsa@hanmail.net

ⓒ 차선근, 2026 Printed in KOREA.

ISBN979-11-7390-043-3　　93200　　　　　　　　정가 23,000원